太陽のひと

ソーラーエネルギーで音楽を鳴らせ！

朴順梨
Boku Junri

ころから

2012
at Budokan

2013
at Nakatsu

2014
at Nakatsu

YASKAWA

目次

第2章

We as ONE

武道館から中津川へ

第3章

NO SUN, NO LIFE

ソーラー・コミュニティは始まっている

第4章 We gonna Change もう一度世界を変える

※　本文中敬称略

プロローグ
20年ぶりのシアターブルックと
ソーラー武道館

１９８０年代後半から90年代初頭にかけては、日本のロック史にとってどこか特別な時間だった気がする。当時の日本はバブル景気にわき、同時にバンドブームとも言われていた。毎日どこかのチャンネルで音楽番組が放送され、メジャーデビュー間もないアーティストが、地上波番組の豪華スタジオでライブを披露していた。

特に土曜の深夜にはＴＢＳ系列で、アマチュアバンドがメジャーデビューをかけて競い合う『イカすバンド天国』（イカ天）が放送され、翌日曜の昼になると、東京・原宿の代々木公園周辺の歩行者天国《ホコテン》で、たくさんのバンドがライブを繰り広げていた。

ライブハウスやコンサートホールでも連日ライブが行われ、たくさんの客が押し寄せていた。なかには海外アーティストを招聘したり、コンサートグッズを手がけるなど、広報宣伝のためにライブ後援を惜しまない企業もあらわれた。当時10代だった私にとっても、ロックはつまらない日常生活をワクワクさせてくれる、大切な宝物だった。高校の友人とメジャーなアーティストのコンサートに行くだけでは物足りず、電車で数時間かけて新宿や高円寺のライブハウスにも、度々足を運んでいた。そんな「地方から来た高校生」に、バンドのメンバーもスタッフも、そしてほかのファンも皆が親切にしてくれた。お小遣いがなくなった時にはチケットを融通してくれたり、こっそりスタッフパスを手渡してくれることもあった。どことなく気持ちに余裕があり、街には音が溢れている時代だった。

私がシアターブルックを初めて新宿ロフトで目にしたのも、そんな時代だった。夏休みの、目もくらむような日差しが照りつけていたある日の午後。何組かのバンドが出演するイベントにシアターブルックが登場した際、高校生の私は友人とこんな会話をしていた。

「これなんてバンド?」

「シアターブルック」

「シアターブロック?」

「ブルック!」

当時はそのぐらいの知識だったが、ハイトーンボイスのボーカルに、ぐわんぐわんと絡みつくように唸るギターの音は、その後もずっと忘れることがなかった。とにかく「簡単には言葉にできない個性」を放っていたからだ。

月日は過ぎ、私が社会人になった頃には、もう街から音楽は消えていた。企業の倒産が相次ぎ、人々の財布の紐は日に日に堅くなるばかりで、以前のように手を伸ばせば簡単にロックが手に入る状況ではなくなっていた。イカ天もホコ天もなくなり、私自身の宝物もいつしか別のものになってしまっていた。

音楽が傍らにない日常生活に追われていたある時、再びシアターブルックの曲を耳にする機会があった。

「……あれ？　ハイトーンボイスじゃない！」

絡みつき、そして唸るギターは健在だったが、ボーカルはぐっとグルーヴィーな低音になっていた。ギタリスト・佐藤タイジがボーカルも担当していることを知り、それまでの印象が上書きされた。

その佐藤タイジが率いるシアターブルックのライブを再び見る機会に恵まれたのは、あの夏から約20年後のこと。前作『離島の本屋』という本を手がけた出版社・ころからの木瀬代表に

「ソーラー電力を使ったライブイベントがあるんだけど、見てきてもらえますか？　もしかしたら書籍にするかもしれないので、その時は執筆をお願いします」

と、突然言われたのがきっかけだった。

佐藤タイジがプロデュースする、ソーラーパネルで発電した電源を使ったライブイベントがある。その年のイベントは2012年に続いて2回目で、TRICERATOPSや泉谷しげるなどが参加して、9月21日と22日の2日間行われるらしい。そう聞いた私は、内心躊躇した。というのもエネルギー問題は自分の専門外だったし、熱心にロックを聴いていた「あの頃」から、すでに遠いところに身を置いていたからだ。

ライブ会場の岐阜県中津川市はとても遠く感じたし、何より、シアターブルックとソーラー発電がにわかには結びつかない。とはいえイベント自体には興味があったし、出演者にも魅力的な顔ぶれが並んでいた。22日には別の取材の予定があったので、21日のみ土地勘のない岐阜県まで1人で出向き、「ぼっちライブ鑑賞」をすることに決めた。

名古屋駅で中央本線に乗り換えて1時間と少し。中津川駅から送迎バスで約20分、会場の中津川公園には、さんさんと日差しが降り注いでいた。野球場や陸上競技場、そして芝生の広場があり、遠くには木曽の山々が見渡せる。紺碧の空と緑の芝に囲まれたこの場所に500枚以上の太陽光パネルを設置し、エネルギーをバッテリーに蓄電してライブの電源に使用するのだそうだ。

入場ゲートすぐ脇のフードコートでは、地元の名物なのだろう、五平餅などが売られていた。そして事前に計量した、食べ物類の放射線量がメニューとともに掲示されていた。そうだった。このライブは原発に依存しない社会を目指すためのものなのだ——。

そう認識した瞬間、記憶から遠ざかっていた3月11日のことがよみがえり、一気に気持ちが沈んだ。だがMIYAVI×中津川JAMのステージを目にしたら、すぐに違う感情がわいた。

「すげえカッコイイ！」

〝世界標準のギタリスト〟MIYAVIのライブを見るのは初めてで、共演者の中村達也（元BLANKEY JET CITY、現LOSALIOS）にも興味津々だった。しかし私の目は、もう1人の出演者である佐藤タイジに釘付けになった。

ＭＩＹＡＶＩも中村達也も自身のスタイルを貫き、誰にもマネできないワザと個性を持つアーティストだ。そんな「我」の強い２人を結びつけて、絶妙なハーモニーを生み出しているのが佐藤タイジだということに、見ているうちに気づいた。

身体に刻まれたタトゥーを惜しみなく見せつけ、クールに演奏する２人の間にいる、大きなもじゃもじゃヘアを揺らす佐藤タイジ。そのニコニコした笑顔から繰り出される音色が２人を包み、目にする人達に熱となって届く。温かなヴァイブレーションに触れた私は、ぼっちの寂しさも忘れてしまっていた。太陽が傾き、陰りゆく日差しの中、ただライブを楽しむ１人の観客になっていた。

何の予備知識もなかった私は、このライブイベント『ＴＨＥ ＳＯＬＡＲ ＢＵＤＯＫＡＮ』について過去の記事などを検索し、熱心に目を通した。震災から３カ月が経った２０１１年６月、シアターブルックは宮城・石巻でアコースティックライブをおこなっている。この時、佐藤タイジは、「１００％ソーラーエネルギーで、武道館ライブをやりてえな！　どっかのアホが言い出さないとまともな未来は見えてこないぜ。どっかのバカがピカピカの未来を、ピカピカの明日を作るためにバカをやるのさ。それがシアターブルックの役割というもの。ロックの役割というもの」と歌っていた。

力強いこれらの言葉を口にし、そしてライブを実行してしまった彼に、力一杯の拍手を送りたくなった。と同時に、自分との「距離」も感じていた。

2011年3月、私は韓国のソウルに滞在していた。学生時代に挫折した韓国語をもう一度学びたくて、ソウル市内にある大学の3週間語学研修コースに通っていたのだ。

授業開始から約1週間経った3月11日の午後、ボランティアで韓国語会話を教えに来ている女性とランチを済ませ、歩いて下宿に戻っていた。渡韓当日は気温が2度しかなかったのに、この日は春を感じさせるうららかで穏やかな日だった。

「こんなに温かいと、眠くなるじゃないのよ……」

と思って歩いていると、無料wi-fiが使えるチェーン系カフェに差し掛かった。店の前で電波を拝借するのが習慣になっていたので、この時も立ち止まってスマホの電源を入れると、パートナーからのメールが届いているのに気づいた。

「すごいじしん　しんどなな」

すべてひらがなで書かれている文面から、激しい焦りが伝わってきた。数日前から東北地方の実家に帰省していた彼に電話をかけると、幸運にもすぐに繋がった。宮城あたりで地震が起きたこと、日本海側にある実家は無事なものの、東京の家の様子が心配だと言った。しかしそこまで話すと切れてしまった。以降何度電話しても、その日は繋がることがなかった。

慌てて下宿に戻りテレビを点けると、日本で大地震が起きたことを伝えるニュースを流していた。なかにはフジテレビや日テレの映像をそのままビデオカメラで映し、放送している局まであった。日本語で中継する安藤優子キャスターの、鬼気迫る表情を韓国で眺めるのは、ただ奇妙でしかなかった。

そしてしばらくすると、地震そのものよりも津波を伝える映像に内容が切り替わっていった。私はたまらず外に出た。1人でこの画面を眺めていたら、感情が爆発してしまう。そう思ったからだ。

街中にあるどの大型スクリーンでも、津波が家や車を飲み込む様子を映していた。人々のほとんどが、ただ無言で画面に見入っていた。いつもは大声の韓国語や車の音で、うるさいほどの喧噪に包まれたソウルの町が、この時ばかりはテレビ以外の音をあまり感じられなかった。

日本で一体何が起きているのか。おそらく今目にしている惨事に違いないが、それを現実として受け入れられないといった表情を誰もがしていた。私もそのうちの1人だったことだろう。家に戻ったのは夜半だった記憶だけが残っている。

週明けの月曜日になると、私よりも年若いクラス担任が、日本から来た学生1人1人の肩を抱きながら飴を配ってくれた。いつもニコニコしている彼女の沈んだ顔を見るのは、当然これが初めてだった。なんで飴なんだろう？　なにわのおばちゃんみたいだな。そう思いながら私も受け取ると、指先からじんわりと温かさが伝わってきた。飴をなめながら涙を流すという経験も、この時初めてした気がする。

以来キャンパス内はおろか、町の至るところで日本を応援する横断幕やメッセージを目にするようになった。食堂やショップに入ると、「頑張って下さい」と、カタコトの日本語で声をかけられることもあった。日本からは無事を知らせる連絡や、当時かかわっていた雑誌の編集者からは「日本製紙の石巻工場が被災したので、印刷用紙がダメになった可能性がある。もしかしたら次号は休刊になるかも」などのメールが届いていた。

「……今は勉強するしかないか」

海外にいる私ができることは、実際それしかなかった。

韓国でも連日震災について報道していたが、数日経つと話題が「쓰나미《スナミ》（津波）」から「원전《ウォンジョン》（原電）」にシフトしていることに、まだロクにヒアリングができない私でも気づいた。「원전」つまり原発と、韓国語訛りの「福島」という言葉が、何度も何度もニュースから流れてきた。隣の国で起きた天災を悼むと同時に、そこから漏れ出す放射能に韓国の人達は怯えている。まさに地球規模で放射能に汚染されてしまっているのではないか。そんな時、友人からのメールを着信した。

「もう東京も放射能が飛んでるみたいだから、できるだけ戻ってこない方がいいかもしれない」

帰り道の街頭で、その文面を見た瞬間、膝ががくっと折れた。水風船がはじけるかのように、気持ちもパチンとはじけてしまった。私は道端で声をあげて泣いた。通る人は誰も気に留めず、目も合わせない。だから泣きたいだけ泣き、声も出したいだけ出した。

奇しくもそこは、3月11日にメールを受信したカフェの目の前だった。

私の知っていた日本が終わってしまった。これから先はどう生きればよいのか。わからないまま授業終了を迎えた3月末に、予定通り帰国することにした。本当はもう少し滞在したかったが、翌日から職場復帰しないと締切に間に合わなかったのだ。正直怖かったし、心細かった。

当時手がけていた雑誌は休刊することなく、無事4月売り号が発売された（ちなみに全機能が震災で停止した日本製紙石巻工場は、被災後わずか半年で復旧を果たしている。その模様は佐々良子著『紙つなげ！　彼らが本の紙を造っている』［早川書房］に詳しい）。

帰国便が東京上空に差し掛かる頃、飛行機の窓から外を眺めると、雲の切れ間から日差しが幾重にも差し込んでいた。まるでキラキラのカーテンが、地上に向かって降りているようだった。しかし私にはその光が、地上を汚す禍々しいものにしか見えなかった。

「……怖いな」

心の中でつぶやいた。実際、羽田空港から都心へ向かうバスの車窓から見た景色は真っ暗で、呼吸が止まった街のように見えてとても怖かった。

私が中学2年生になったばかりの1986年4月、ソビエト連邦（当時）のチェルノブイリ原子力発電所で事故が起きた。炉心融解（メルトダウン）による爆発が起きて、ヨウ素やセシウムなどの放射性物質が、原発から300キロ以上の距離にまで広がった。事故が起きてから30年近く経った今でも、原発周辺の3700平方キロメートルが立入禁止区域となっている。

当時はチェルノブイリ原発があったプリピャチという街は、軍事産業や原子力研究のために作られた閉鎖都市（関係者以外には公開されず、地図にも載らない都市）だったため、中学生にとっては、よくわからない謎の街で起きた、理解を超えた事故に思えた。「なんか放射能ヤバいらしいけど、影響は何年も経ってから出るらしいよ」「ヨーロッパ産の小麦はもう汚染されてるから、パスタとか食べない方がいいらしいよ」。インターネットが普及しておらず、テレビや新聞、雑誌でしか知識を得ることができなかった当時の私やその周りは、こんな「らしいよトーク」をしながらも、どうすることもできないまま日々の不安と戦っていた。

1年後の1987年に、『風が吹くとき』という映画が公開された。『さむがりやのサンタ』や『スノーマン』で知られるイギリスの絵本作家レイモンド・ブリッグズが核戦争をテーマに、チェルノブイリよりも4年早い1982年に発表した絵本をアニメにしたものだった。絵柄のかわいさから大ヒットとなったが、おそらく見た人の多くが、重苦しい気持ちを味わったことは想像に難くない。

イギリスに住む年老いた夫婦のジムとヒルダは、手作りのシェルターで核戦争を乗り切ったものの、放射能によって徐々に体をむしばまれ、歯茎からは出血、髪は抜け落ち弱りながら命を落としていく。2人は政府の発表を信じ込み、ひたすら外部からの救援を待ち続ける……という、一片の救いもない冷酷な世界を描いた話だったのだ。

私は老夫婦2人の、大本営発表をまるで疑わない愚かしいほどの従順さと、個人の無力さに打ちのめされた。そしてまさに今、ソビエトでは同じ事態が起きているのではないか。しかし限られた情報しか得ることができない私には、想像力をはたらかせて暗い気持ちになること以外、何もできなかった。そうこうするうちにいつしか目先の高校受験や、高校に入ったらやりたい楽しいことばかりに気をとられるようになり、チェルノブイリのことは、頭の片隅に追いやられてしまった。

しかしあれから25年経ち、インターネットも普及したのに、中学生時代の「らしいよトーク」とほぼ変わらない話題が、私の周りでは繰り広げられていた。それどころか「過剰に心配する方がおかしい」「CTスキャンやレントゲンの方がずっと危ない」といった言葉も、数多く耳にした。たしかにたくさんの情報が手に入るようになったが、政府発表や報道機関からの情報はどれも「大丈夫」に近いものばかりだったし、ひとつの報道が出るとそれに反論する言説がすぐにあらわれ、何を信じたら良いのかわからない状況だった。さらに放射能を心配する人を「放射脳」と揶揄したり、逆に大丈夫とタカをくっている人を軽蔑するなど、仲間同士でも意見が割れ、距離ができていくのを目にすることもあった。

もちろん3月11日を忘れたわけでは、決してなかった。

しかし震災を経験していない自分にできることが見つかっていなかったし、義憤や正義感では動く気にもなれなかった。だからこそ、佐藤タイジと自分の間に距離を感じていたのだ。しかし。

「埋没してて本当にいいの？　まだ何も終わってないのに、知らないふりして生きていくの？」

もう1人の自分が語りかけてくる声が中津川以降、徐々に大きくなっていた。

あの日のライブでは、CHANGE ENERGY'Sがこんな歌を披露していた。

電気を作ろう　クリーンなやり方で
今までにないような　いろんな方法で
電気を作ろう　必要な分だけ
みんなが喜ぶ　新しいシステムで
ロックコンサート　とどろくエレキギター
はしゃいで喜ぶ　大人たちのために
（『電気を作ろう！』　作詞・加藤ひさし）

私が目にした「新しいシステムで電気を作って、それで行うロックコンサート」は、みんなが喜び大人がはしゃぐためのものなのだ。事実、私自身がとてもはしゃぎ、そして楽しいと思っていた。このワクワクを、誰かにも伝えることができたら――。揺れていた心は、こうして定まった。

震災から4年経っても、汚染水の海上流出は止まっていない。にも関わらず、川内《せんだい》（鹿児島県）や大飯《おおい》（福井県）での原発再稼働が着々と準備されている。日本はまるで思考停止したかのようだ。だったら、変えなきゃ。Love Changes The World――。原発が壊れてしまったのなら、もう人々の生活にフィットしないものであるなら、ステキで誰にも負荷がかからない太陽光の力で、新しい生活を作っていけばいい。ロックの力を借りて。

目をそらさないで耳を澄ましてみよう
もう一度世界を変えるのさ
僕たちはきっと　試されているよ
愛し合える機会　見失わないか
（『もう一度世界を変えるのさ』　作詞・佐藤タイジ）

私が14歳の時に起きたチェルノブイリ、17歳の時に足を運んだ新宿ロフト。そして2011年の東日本大震災と、2012年から続く『THE SOLAR BUDOKAN』、そして今この瞬間。バラバラの地平に並んでいたそれらは、実はすべてつながるためのものだったのだ。

執筆を始めるために、「ソーラーエネルギーで音楽を鳴らせ！」と集ったたくさんの関係者にインタビューし、そして佐藤タイジと向き合った。何度目かの取材を終えて、別れ際に握手をし、きびすを返して帰路に向かった。佐藤タイジの手の温かさは、まさに「太陽のひと」。1人になってから開いた手の平には、一度は失ったと思っていた宝物が、ちょこんとのっているような気がしていた。

第 1 章

The Solar Budokan
「太陽のひと」の手紙

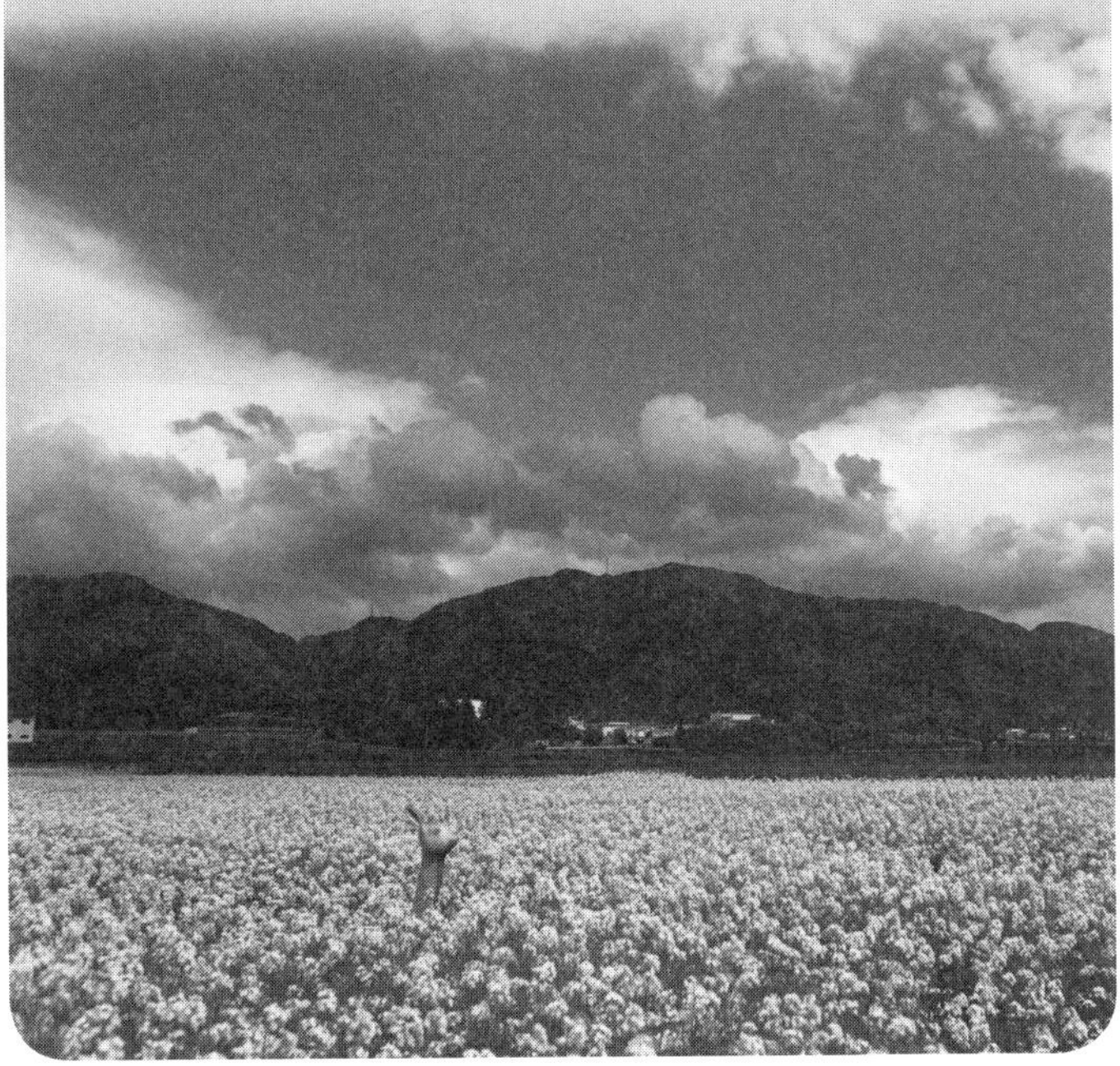

中津川はその日、朝から好天に恵まれていた。THE SOLAR BUDOKAN2014は9月27日に昨年と同じ中津川市立中津川公園で、2日にわたるライブが繰り広げられる予定になっていた。

シアターブルックをはじめ、Dragon ashやFLYING KIDS、10-FEET、ACIDMAN、TRICERATOPS、UA……。昨年も参加していたアーティストや今年初参加組を合わせて、約50組のアーティストが出演するイベントは、レボリューション・ステージでの堂珍嘉邦と、リスペクト・ステージでのインディーズ電力で幕を開けた。

「心配された天気もピーカン、SOLAR BUDOKAN日和となりました。真面目に開会宣言をしようと思います。3・11ですべてが変わったのです。福島第一原発では未だにメルトダウンを終わらせるために決死の作業が続けられております。放射能はダダ漏れという状況の中、この国は戦争できる国になろうとしています。その上政府は原発の再稼働に向けて加速しています。本当にこのままで良いのでしょうか？　私たちは本当に無力なのでしょうか？　いえ、違うと思います。私たちは再生可能エネルギー、しかも太陽光だけでロックフェスができることを実証してきました。そう、音楽は政治を簡単に跳び越えたのです。私たちはSOLAR BUDOKANを、この国にある全ての愛と自由と勇気と平和と夢と希望を凝縮したものにしたいのです。we as one, right here, right now・中津川THE SOLAR BUDOKAN2014、ここに開会します！」

という佐藤タイジの開会宣言から、『もう一度世界を変えるのさ』や『ゲバ』などの曲が、夏が戻って来たかと錯覚する日差しの中で演奏された。

往年のパンクバンド、セックス・ピストルズの『アナーキー・イン・ザ・UK』に日本語の詞をつけた『アナーキー』では、インディーズ電力の〝代表取締役社長〟(当時)うつみようこの、決してぶれない歌声が響き渡る。そして彼女はステージ脇で登っては降り、また登っては降りを繰り返していた熱気球(有料で体験できるアトラクションだった)を見ながら「あれで大阪まで帰る!」と言い出し、笑いを取ることにも余念がなかった(ちなみに彼女は同日夜、大阪市内で行われたとあるライブにゲスト出演したらしい。なんとパワフルな!)。

●530枚のソーラーパネル

正午頃になると雲が出てきたものの、中津川の丘陵地帯を照らす強い日差しは変わらない。今年は530枚、最大出力105kwhの太陽光パネルを設置し、2日間で728kwhの発電を目標にしている。さらに総容量286kwh分の蓄電池を用意し、ステージの音響、照明の電力の、安定供給につとめる予定なのだという。会場の一角に並べられたソーラーパネルに触れてみると、激アツという程ではないが、そこそこの熱さを感じた。これなら発電量は申し分ないはず。

「暑い! 本当暑い!」

会場を動き回り、ライブを見続けていた身体には、15時を過ぎた頃になると相当な熱が溜まっていた。

気持ちもどこか、ほわんとゆるみ始める。しかしｔｈｅ ＨＩＡＴＵＳのボーカル・細美武士が「中津川も東京も、ガイガー値は同じだ」と言ったのを聞いて、一気に現実に引き戻された。

細美は中津川市が核廃絶宣言をした街であることに触れ、最近では反原発関連の集会にもゲストで呼ばれる機会があること、集会は参加者の多くが年配だが、彼らはなぜ原発反対を訴えるのか。それは今この場にいるような、若い人達を守りたい気持ちがあるから。無関心の先にある未来は恐怖、だけれど無理強いはしないと、曲間に語った。そしてこのイベントに参加できたことへの感謝を口にし、再び歌い始めた。

タイジが語ったとおり、福島第一原発では今もまだ放射能がダダ漏れのうえに、この夏に憲法9

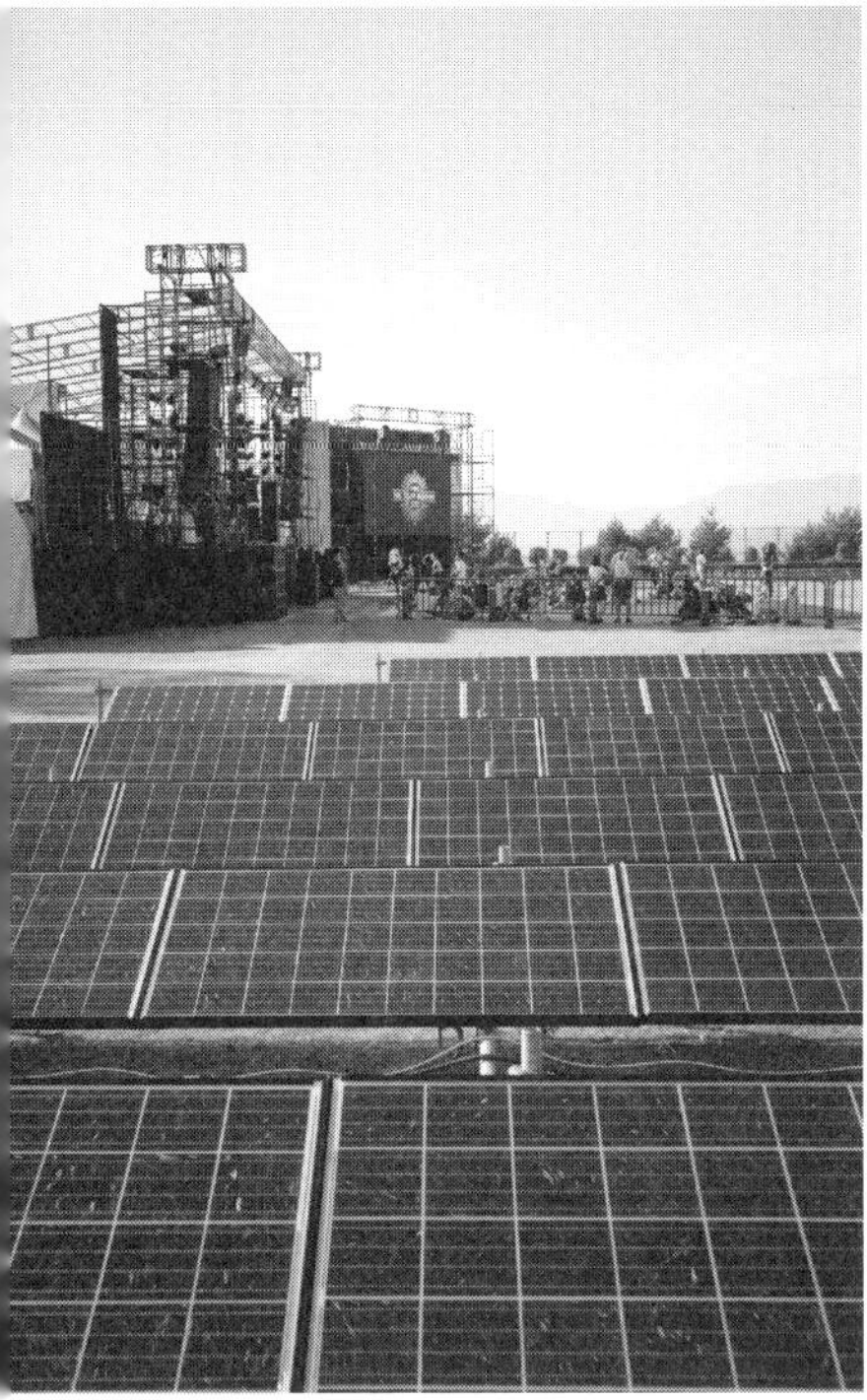

中津川市内の会場に設置されたソーラーパネル

条を骨抜きにするような集団的自衛権の行使容認が閣議決定された。さらに鹿児島県の川内原発では、再稼働に向けての舵取りが進められてしまっている。川内原発の近くには火山がいくつもあるが、政府は「噴火は予測できる」の一点張りで押し通してきた。しかし奇しくも中津川THE SOLAR BUDOKAN初日のこの日、会場からわずか30キロの距離にある御嶽山が7年ぶりに突然噴火し、50人以上が犠牲となってしまった。噴火予知など、誰もできなかったのだ。

ライブ合間にレボリューションステージのモニタに目をやると、各ステージの空間線量が表示されていた。そしてフードコートでも、供される食べ物の放射線量が各店ごとに表示されていた。2011年の3月11日以来、やはり日本は変わってしまった。そんな現実をたたきつけられてしまったけれど、不思議と気持ちは重くならなかった。

なぜなら耳に届くどの音も皆、野外ライブとは思えないほどに澄んでいたから（その理由は後述。音が澄んでいるワケがあるのだ）。そしてその音は、太陽光発電で生み出されていたから。一瞬にして15万人もの人々の住む場所を奪うような原発に頼らなくても楽しみながら生きることはできると、目と耳で実感できていたのだ。

さらにRIZEのボーカル・JESSEが会場内をひょっこり歩いていたり、ダイノジ大谷がフードコートに立ち寄るのを目撃するなど、出演者と観客の距離の近さを味わえたのも、気分を大いに盛り上げてくれた。でも気持ちが明るいままでいられた一番の理由は、誰もが笑顔だったことに尽きるだろう。

豊田市から10-FEETを目当てにやってきた男性3人組は、「本当に楽しかった。自然エネルギーに興味があるというよりライブが見たかったから来たけれど、でもエネルギー問題に関心を持つのは大事だと思った」と語っていた。

また翌日の東京スカパラダイスオーケストラ（スカパラ）で跳びはねていた女性は、娘と来たことを終演後に教えてくれた。「私は長野県飯田市に住んでいますが、娘は愛知県名古屋市にいます。だから会場で合流しました（笑）。私はスカパラ、娘はトライセラのファンで、初めてこのイベントに来ましたが、確かに音がいいような気がしますね」

興奮冷めやらぬといった感じの母と、はにかむような娘の笑顔。世代や好きなアーティストが違っても楽しめるイベントだったことは、彼女達を見ればわかった。そして笑顔だったのは、彼らだけではなかった。「STAFF」とロゴの入ったTシャツを着たボランティア達も、炎天下の中で観客を誘導したり、会場内に落ちているゴミを拾って集めたりする中で、決して笑顔を絶やすことがなかったのだ。

2日間で集まったオーディエンスは約1万5000人。両日とも天気に恵まれ、タイジの「俺たちはやった！来年もやるぞ！」の言葉を残して、無事に幕を閉じた。

●はじまりは「手紙」

2013年、2014年とTHE SOLAR BUDOKANは岐阜県中津川市で行われたが、最初のＴＨＥ ＳＯＬＡＲ ＢＵＤＯＫＡＮは２０１２年12月20日、東京の日本武道館で開催された。藤井フミヤや斉藤和義など人気アーティストが出演したライブについては日経新聞などでも紹介されたので、会場に足を運んでいなくとも記憶に残っている人もいることだろう。

さらに言うとこのライブは２０１１年の６月９日、東京・下北沢のライブハウス「風知空知《フーチクーチ》」で行われた『ＬＩＶＥ ＦＯＲ ＮＩＰＰＯＮ Ｖｏｌ・４』での佐藤タイジの手紙がきっかけで生まれている。１人のアーティストが言い出しっぺとなり、そして類いまれなるオーガナイザーとして３年以上も牽引してきたからこそ、彼の思いに共感し、スタッフやアドバイザー、そして仲間として奔走した人達がいた。タイジと彼らの存在とパワーがあればこそ、世界初のエコでサスティナブルな音楽イベントが成功したと言えるだろう。

そこでこの章では彼とともに走り、導いた人達の声を通して、中津川までの道のりを紹介する。

まずは、日本武道館で開催された最初のＴＨＥ ＳＯＬＡＲ ＢＵＤＯＫＡＮのきっかけとなった「手紙」にフォーカスする。

震災後３／17からは毎月一回やっています。
そしてライブを重ねる度に自分の考えはまとまってきました。
『100％ＳＯＬＡＲ　ＢＵＤＯＫＡＮ』
これが私の結論です。

タイジの言葉に強く共鳴し、その後もTHE SOLAR BUDOKANのプロデューサーとして支え続けているのが、ラジオ・テレビ番組の企画制作やイベント・コンサート企画制作などを手がける株式会社ワイズコネクションの代表取締役社長・松葉泰明だ。

肩まで伸びた髪に中折れ帽を合わせ、細身のデニムをはきこなす松葉は、会社社長というよりもミュージシャンといった風情をたたえている。松葉は関西学院大学を卒業後、名古屋の東海ラジオ放送に就職。番組のスタッフをしていた98年頃、シアターブルックがニューシングルをリリースしたと聞き、出演依頼を出したのがタイジとの出会いだった。

「当時所属していたレコード会社にいる知人から、シアターブルックの新作が出るって聞いて、じゃあ番組枠を僕が作るので一緒にラジオをやりませんか、みたいな話を持ちかけたんです。当時はラジオ局の新入社員で、タイジさんはロックスター、という関係でした。そこから付き合いが始ま

「RCサクセション世代」を自認する松葉

ったんです」

2人の距離が縮まったのは2001年、9・11同時多発テロ以後のアメリカの報復措置に対して、「これはおかしいのではないか」という思いを共有したことだった。

「ブッシュ大統領がウサマ・ビンラディンを暗殺するとか言って戦闘態勢に入ったのを見て、これは根拠のない暴力のような気がして『ちょっとこの戦争はないいんじゃないの?』って2人で話したんです。だからその頃FM局で、タイジさんが弾き語りでニール・ヤングの『オンリー・ラヴ・キャン・ブレーク・ユア・ハート』とかU2の『サンデイ・ブラディ・サンデイ』などの曲に日本語で詞をつけて、『戦争はよくないぞ』って歌う番組を深夜枠で制作していました。タイジさんが表現する場を作りたいと思っていたのですが、当時はネットがあまり普及してなかったので、ラジオでやろうよって」

●チェルノブイリと神戸から

松葉は1973年、愛知県名古屋市に生まれている。10代の頃に起きたチェルノブイリ原発事故と、そしてRCサクセションの『COVERS』発売禁止騒ぎが、その後に大きく影響した。

「高校生の頃に、RCサクセションが新しいアルバムを出せないという騒動が起きて、これは本当におかしいぞと。でも当時はネットもなかったので、自分なりに情報収集をしようと思うと、それこそ本しかなかった。だから広瀬隆さんの『危険な話』(八月書館)や、フォトジャーナリズム誌の

『ＤＡＹＳ ＪＡＰＡＮ』（講談社）を真剣に読んでいました。ソ連で少し前に原発事故があったけれど、日本にも原発はあって、その権益を守ろうとする人達がいて、そのおかげで色々なことが規制されてしまって。『日本にも原発利権があるのか』ということから学んでいましたね。３・11を機に、たくさんの人がその現実を知ったと思いますが……。でも80年代にも実は、たくさんのアーティストが原発をテーマに曲を作っていたんですよね。ブルーハーツや佐野元春さんがチェルノブイリを歌い、氷室京介さんがインタビューで『危険な話』に触れて、浜田省吾さんも『恐れを知らぬ自惚れた人は　宇宙の力を悪魔に変えた』と歌って（『僕と彼女と週末に』）。80年代は確かに好景気に沸いていたけれど、後半になると『俺達、踊らされてんじゃないの？』ってことに、薄々気がついてきました」

しかしそんな松葉の気持ちを、同級生は理解することができなかった。高校時代、社会科の自由発表で選んだテーマは原発。「日本は電力が十分足りている。でも原発を作ることで自治体は交付金を得られるので、その結果町が潤う。原発は怖いものだけど、必要とされているのが実情です」と語ったところ、友達からは「科学技術の進歩は重要だ」「地場産業が潤うことは大事なのではないか」「チェルノブイリで起きたようなことは、技術力がある日本では起きないはずだ」と、反論されるばかりだった。

「この時に早くも、自分はマイノリティだって気づいたんです（笑）。名古屋の進学校でリベラルな校風だったけれど、理系の生徒が多かったせいか、結構否定されましたね。だから３・11以降の脱原発の動きに対して『考えが浅い』『原発は必要悪だ』みたいな声があがったのを見て、『この感じは高校の時に味わったやつだ』って思った（笑）。そういう意味での出発点は高校時代ですね。でも当時からバンドをやっていたせいか、同級生からはずっとヘンな奴扱いだったので、否定されても気にはなりませんでしたけど（苦笑）」

そして20年の間に起きた2つの震災も、松葉の人生に大きな影響を与えている。

２０１１年３月11日の午後、松葉は自分の会社の事務所にいた。場所は原宿と渋谷の間にあるオフィスビルの10階。壁にギッシリあるＣＤが「ボーンと飛んで」、スチールラックが「ドワーンと倒れる」衝撃を味わったそうだ。

「ＣＤがボーンと飛んだ先に部下の机があって、パソコンのディスプレイにケースが突き刺さったんです。たまたま本人は外出してましたけど……。僕、大学時代に阪神大震災も経験してるんですよ。兵庫県の西宮、新幹線の高架が落ちたすぐ前あたりのアパートに住んでました。その頃バーテンのバイトをしていたので夜中に帰ってきて、ちょっと寝たらすぐに揺れて。あの辺は木造住宅が多くて、裏の一軒家が潰れているのを目にしたり、近所の人と一緒に、孤立したおばあちゃんを助けにいったりしました。だから今回も揺れで地震規模の予測がついたので、最初は北関東が震源地かなと思っていたのですが、東北だとわかって。東京でこれだけ揺れたなら、東北は相当大変なことになったんじゃないかって危惧していました」

とはいえこの時点ではまだ、福島第一原発への危機感を持つことはなかった。だが翌3月12日、ラジオの収録で顔を合わせたアーティスト・吉川晃司の「かみさんと子供を、ひとまず実家に帰したほうがいいんじゃないの?」という言葉を聞いて、家族を妻の実家に一時避難させることを決意する。

「家族を帰して会社の片付けをしていた3月17日に、タイジさんが『LIVE FOR NIPPON』という東北への支援ライブを、下北沢の風知空知で始めたんですよ。でもその日は行けなかったので、1人で家に帰ってネットで配信された動画を見たんです。タイジさんやLeyonaが歌って、斉藤和義さんも飛び入り参加して、みんな真剣にやってるなあって思って。で、その週末に四国にいるかみさんと子供に会いに行くために高松空港で降り立ったら、目の前にもじゃもじゃがいたんです(笑)」

もじゃもじゃ――、佐藤タイジとばったり、高松空港で再会してしまった。

「僕ら前の晩、『ロック業界から日本を元気にすることを企画しましょうかね』なんて電話で話したんです。で『とりあえず僕が生放送をしているFM番組にゲストで呼ぶから、思いを込めた歌を歌ってね』って約束したんです。タイジさんも『ああ行く行く、じゃあ続きは月曜日ね』なんて話をして。なのに飛行機に乗って空港に着いたらもじゃもじゃがいて。『なにこれ? 運命?!』って(笑)。久々に〝呼ばれてる感〟を味わいました」

●「太陽だけでロックは有る」

〝呼ばれた〟3月から2カ月半後の6月9日、ロックの日に開催された『LIVE FOR NIP

PON Vol・4』で、佐藤タイジは1通の手紙を読んだ。それが冒頭で紹介した手紙だ。タイトルは「親愛なる新市民のみなさまへ」。どんな内容だったのだろう。以下に転載する。

拝啓　新市民の皆さん

初めまして、私は日本でロックバンドをやっている44才の男、『佐藤タイジ』と申します。

今、日本は大変なコトになっております。

「3・11」は大震災と大津波と原発事故の三つの災害が同時に訪れた、人類史上初めての災害ということを御理解ください。

地震慣れしている日本人の私も実際被災地に行ってみるとあまりの被害の巨大さと深刻さに今もまだ茫然自失の状態です。

きっとあなたも同じ景色を見ると私と同じ印象を持たれると思いペンをとりました。

私は自分のバンドメンバー、スタッフ達と去年から「2012年12月22日に武道館でライブをしよう！」と計画をしておりました。我々日本でロックにたずさわる人間にとって武道館は聖地なのです。

そして震災前だった当時は「マヤ暦最後の日」の前日、2012年12月22日に生まれて初めて武道館のステージに立つんだという計画に無邪気にみんなで盛り上がっていました。そんな中「3・

11」は起きたのです。

世界は変わってしまいました。

一瞬で。


「何かやらなくては！」という気持ちから仲間を集め「LIVE FOR NIPPON」と銘打ってインターネットチャリティーライブを始めました。

震災後3／17からは毎月一回やっています。

そしてライブを重ねる度に自分の考えはまとまってきました。

『100％SOLAR BUDOKAN』

これが私の結論です。

しかも「だいたいマヤ暦最後の日」です。（マヤ暦に関しては御自分で検索なさって下さい）

全ての電力を太陽でまかなうライブを武道館でやりたいのです。


今回の震災で「原子力発電の本当のリスク」を体で理解しました。

人間は「原子力発電の本当のリスク」に耐えられる存在ではないのです。

我々人類には「原発に変わる再生可能なエネルギー」が必要なのです。

そして、それは「地球温暖化」に対しても有効であるべきなのです。

地熱発電もいいと思います。風力発電もいいと思います。

でも太陽がベストだと信じているのです。

かつて私は自分の作品で「その上の太陽はありったけの愛だけでできてると思いませんか?」と歌ってきました。今もその気持ちに変わりはありません。

太陽がベストだと信じているのです。


「現実的に可能なの?」という声が聞こえてきます。集客はもちろん、100%ソーラーとなると膨大な数のパネル、膨大な数の蓄電池、巨大な送電システム等々……。

そこで世界中の新市民のみなさんに協力をお願いしたいのです。

「1万人規模のロックコンサートの電力を100%ソーラーシステムでまかなうことは現実的に可能か?」という社会実験であり、科学実験を成功させる為にみなさんのアイデアと技術と資金と信じる力をかして下さい。

私は信じています。この計画が成功すれば世界は変わると。

そして世界中のロックバンド(ロック以外ももちろんO・Kだが)にこのシステムでライブをしてほしいのです。そうなると太陽光発電に対する評価も、それ自体の技術力も大きく進化するのです。

太陽だけでロックは有るという現実を地球上に創りたいのです。

未来に対して責任を感じている人全てがここに集まることは可能なのです。
私たちの未来は私たちがつくることができるのです。
「3・11」が未来にとってポジティブであるために皆さん協力して下さい。

2011年6月9日
佐藤タイジ

◉肯定のエネルギー

2012年12月に次元上昇《アセンション》が起こり、第五世界にシフトするとしていたマヤ暦についてはここでは触れないが、「太陽の光だけで電気をふんだんに使う武道館ライブを開催したい」と、ミュージシャンがみずから宣言したのだ。システムの構築はどうするのか。参加アーティストはどう集めてくるのか。無謀でしかないと思った人もいたはずだし、松葉も「すげーこと言ったなあ」と、とにかく衝撃を受けたそうだ。

「その日の打ち上げでタイジさんに『武道館でのソーラーライブを発表しちゃったけど、誰かソーラー発電業界の知り合いはいるの?』って聞いたら、『まったくいない!』って(笑)。でも言ってから考えるタイプなのは知っていたし、僕もそういう性格だから、『松葉くん、手伝ってくれる?』って言われた瞬間に『やろうやろう』って即答してました。だって僕もシアターブルックがホストになって、武道館ライブをやりたいって思いはずっとあったんです。他のメンバー3人は過去に武道館ライブをしたことがあるんですけど、タイジさんはなかった。ロックの聖地に立つのが彼の長年の夢だった。でも『震災があったことだし、これからどうしたらいいんだろう？　そうか、この2つの命題を繋げて皆で武道館に集まればいいんだ！』ってひらめいたんでしょうね」

THE SOLAR BUDOKANに道が繋がる、運命ともいえる偶然もあった。手紙でも触れているように、95年に発表して今でも人気ナンバーになっている『ありったけの愛』の歌詞は、「その上の太陽は　ありったけの愛でできてると思いませんか」という、まさに太陽讃歌だった。太陽はすぐには枯渇する資源ではないし、すべてのものに光を届ける愛の象徴のような存在。だから共感しやすいキーワードでもあったのだ。

「その無謀さたるやって感じですけど、あの時点ではソーラー発電うんぬん以前に、シアターブルックが幹事になって武道館ライブをやったら、お客さんは集まるのかなって、そっちを心配していました。ただ震災以降、夢を描けなくなっている人も多いなかで、ソーラーはまさに夢のある、ハッピーなエネルギー問題の解決方法だと思いました。それに僕もタイジさんも、『原発反対！』とただ反対を唱えるのではいつか疲れてしまうから、賛成っていう肯定のエネルギーでアクションを起こしたい気持ちを持っていたんです」

◉オルタナティブな道

「僕はこの話を聞いたとき、直感的にやれると思いました」

THE SOLAR BUDOKAN関連のイベントでは司会をつとめているジョー横溝の本職は、InterFMのDJで雑誌『ローリング・ストーン』のチーフライター。1969年生まれの彼は、高校時代にマルクスの『共産党宣言』を読んで革命を夢想するも、早稲田大学に進学すると、周囲の軽佻浮薄さぶりに失望。大学生活に見切りをつけて、友人とベンチャー企業を立ち上げた、元学生起業家という経歴の持ち主だ。

彼と佐藤タイジの出会いは約5年前。『ローリング・ストーン』誌がリニューアルをしたのを機に取材をしたり、ファッションページのモデル出演を打診したりと、ミュージシャンと編集者としての付き合いがしばらく続いていたが、そう頻繁に会う間柄ではなかった。だが震災直後に『LIVE FOR NIPPON』のことを知り、タイジに連絡を取ったことで邂逅した。「まさか自分がライブの手伝いまですることになるとは……」。そう言って少し遠くを見つめながら、100%ソーラー発電で武道館ライブを「やれる」と直感的に思った理由を語り始めた。

「震災直後の閉塞的な世界から、別の場所に導いてくれる力をタイジさんから感じたんです。多分僕らの世代って、原発に対する価値観だけではなく、ずっと何かをサボってきたっていう罪の意識があると思うんですよ。社会が右肩あがりで進んでいく幻想に乗っかることで、あえて思考停止してきたと思うんです。でも震災の時に『どうして原発が54基も出来ちゃったのかな』って、改めて意識して。そもそも僕らが当たり前のように享受している自由とか民主主義とか、そういう言葉が持つ重みすら考えたこともなかった。意識のスキを突かれた感じを、原発事故で味わいました。そして『結局オレ達、何もしてこなかったじゃん』って現実も突きつけられた。そんな状況のなかで、ただ反対するのではなくオルタナティブな意見を出せたことが素晴らしかった。『これは大きなムーブメントになるんじゃないかな』って、肌で感じたんですよね」

福生に近い八王子で育ち、10代で初めて行ったアメリカ旅行は、サイケなロックバンド、グレイトフル・デッドのライブを見るのが目的だった。リアル世代ではないがウッドストックを音楽体験の原点とする彼は、震災後の今こそロックの出番だという思いを抱いていた。

「自分はずっと、音楽の力について考えてきました。音楽は一つひとつの細かい問題に答えを出すことはできないけれど、人々に共通のイメージを与えることはできる。明るい未来がこっちにあるよって指し示すツールになると思うんです。それにタイジさんの場合は、ソーラーっていう具体的な道がありました。原発を否定するだけではなく、第三の新しい道を指し示したっていうのが目からうろこで。でもソーラーというポジティブな提言であっても、ミュージシャンは音楽だけやってればいいって意見もあるし、タイジさんが矢面に立たされる危険性もありました。そんな状況なのに、震災から3カ月後のタイミングで新しい道を提示しようとしたことは、称賛すべきことですよ」

◉「思いつき」からのソーラー武道館

ジョー横溝が称賛を寄せる佐藤タイジの「思いつき」が生まれる経緯を、傍らで見守っていたのがシアターブルックのマネージャー・山本ようじだ。山本はフリーのイラストレーターなどを経て、アーティストのマネジメントやイベント制作をする会社に勤務。その後は、佐藤タイジがマネージャーを探していると聞き、会社を辞めて２００９年の冬からシアターブルックのマネジメントを担当するようになる。

「タイジさんとメシを食って『この人なら息が合うな』と思ったんです。ちょうどその頃シアターブルックがメジャーレーベルからアルバムをリリースするのと、新曲の『裏切りの夕焼け』がアニメのオープニング曲になることが決まっていて。マネージャーがいないと活動ができないというので『じゃあ、やってみようかな』と思ったんです。でも始めた当時は2人ともお金が全然なくて、なのに他のメンバーは皆売れっ子ミュージシャンだったのでライブスケジュールも決まらなくて、本当に大変でした」

しかし「大ざっぱで小さいところを気にしない水瓶座のO型同士」でフィーリングが合ったこと、そしてタイジが大きな夢を抱いていたことから、「なんとかなるでしょ」マインドで引き受けた。

山本はTHE SOLAR BUDOKANが生まれるきっかけには、2つのことがあると語る。1つはタイジが武道館でライブをやりたいとずっと思っていたこと、そしてもうひとつは彼が常々、「ロックで世界を変えられる」と言っていたことだ。

「2010年6月に『intention』ってアルバムをリリースするんですけど、そのツアーが12月になってしまったので、その間にソロツアーをやろうという話になったんです。その時に『武道館でやったことがないんだよね』ってタイジさんが言うから、『じゃあやりましょうよ』と話したんです。でもレコード会社の人間は『そんなリスクを負う必要はない』と言ったけれど、タイジさんは『武道館でやらずして、ロックスターは死ねない』と思っていて、2012年の12月22日にやりたいと言っていた。でも震災で計画が頓挫してしまった。で、ちょうど震災の直後ぐらいにCMのナレーションを撮る仕事があって、その帰りに2人で『携帯会社って何社もあるのに、なぜ電力会社って地域に一つなんでしょうね?』『第二東電みたいなのがあってもいいんじゃない?』って話になって、それがインディーズ電力につながっていき、さらに『ソーラーで武道館ライブやれたらよくない?』って話になっていったんです。本当に思いつきですよね（笑）」

●WOWOWが主催へ

松葉はちょうどその頃、世界的に知られるドラマーの屋敷豪太とのイベントを企画していた。藤井フミヤにCHARA、salyu、そして海外からアーティストを呼び、被災地への義援金を集めるための採算度外視ライブの予定だったが、ギタリストとしての出演をタイジにも打診していた。主催はBSテレビ局のWOWOW《ワウワウ》。これがきっかけとなり、THE SOLAR BUDOKANも

WOWOWが主催することに。ライブ実現への足がかりがつかめるようになったのだ。以来松葉とタイジ、そして山本は、思いと目標を共有するようになった。

とはいえ、ソーラー電源をどうすればいいのかにあたっては、3人揃って何のツテもアテもない。そしてもっとないのはお金。でも、ライブはやりたい。そこで山本はこんな提案をタイジにした。

「僕がタイジさんに『家を持ってるんだからイザとなったら売ればいいんですよ。家があることよりもロックスターでいることの方が大事だったら、家を担保にしたらいいんじゃないですか。なんなら会社も潰しましょうよ』って言ったんです。そうしたらタイジさんも『そうだね』って(笑)。元々ウィスダムレコードって会社は、タイジさんが武道館ライブをやるために作ったような会社だったから。ライブをやって負債を抱えて倒産というシナリオが、頭の中にありました。だから今も会社があるのは想定外なんです(笑)」

そして松葉も山本同様、リスクを怖れるタイプではなかった。

「僕はマゾっぽいっていうか、飛び込み営業とか好きなんですよ。難題が苦にならない。それにこのプロジェクトには、ワクワクしかなかった。ソーラー発電自体に僕も興味があったし、高校時代から『原発に変わるエネルギーを、今から育てる世の中になったほうがいいんじゃないの?』って思ってたんです。震災を機に日本も自然エネルギー業界が発展していき、エネルギーシフトが起きればいい。そのための解決のほんの糸口にでも、このライブイベントがなれればいいなって」

◉難航するソーラーシステム

まず松葉は、再生可能エネルギーでのライブイベントをしている先輩達に相談を持ちかけた。『頂』という、オーディエンスから集めた廃油によるバイオディーゼル（化石燃料ではなく、なたねなど再生可能な植物から精製される燃料）発電だけで行うライブイベントを主宰する小野晃義や、THE SOLAR BUDOKANでもスタッフをつとめ、小規模ながらもソーラー電源でのライブ経験がある、舞台監督の海老原良行などに意見を求めた。海老原は「ソーラーは日本武道館では負荷が大きすぎる。ソーラー電力に合わせた規模の会場でのライブにするべきだ」と言いつつも、蓄電池と組みあわせれば不可能ではないことを教えてくれた。ソーラーパネルでの発電は日中の天候に左右されるし、夜は太陽が沈んでしまうので、ほぼ発電はできない。夜使いたいのなら、日中にソーラーパネルで発電した電気を蓄電して、それを電源として使うことが不可欠だったのだ。

「色々調べてみたら、ある重工メーカーが1トンのコンテナ型のものすごい蓄電池を持っていたんです。その蓄電池を借りて武道館の横に持ってくれれば、十分にライブができる！って思ったんです」（松葉）

その会社はリチウムイオン二次電池（充電可能な電池のこと）を搭載した、コンテナ型の大容量蓄電システムを開発。リチウムイオン二次電池2000個以上をコンテナにおさめ、トレーラーで目的地まで運べるようにしたこのシステムでは、一般家庭100世帯が、3～8時間程度使える電力を蓄えることができる。そしてコンテナを増設すれば、出力を数万kwまで拡張することも可能という、まさにライブイベントのために（?）作られたような蓄電池だった。

「これは！」と思い、松葉と山本は新聞記者の知人のツテをたどり、相談に行った。しかしこの時は話がまとまらず、協力をあおぐことはできなかった。

その後もリチウムイオン電池を製造している電機メーカーなどに話を持ちかけるも、なかなか芳しい反応は返ってこなかった。そんななかで、電気自動車を発売している大手自動車会社が面白がってくれた。

「その電気自動車を武道館の横に200台ぐらい並べて、コードで繋げてバッテリーにしたら、プロモーションにもなるのでどうですか？　って話をしたんです。そうしたら『リチウムイオン電池もソーラーパネルも会社に大量にありますよ』と言われて。これはいけると思ったんです」（松葉）

しかしその会社は一社提供形式のライブというニーズがあったり、経営陣の一部が原発再稼働に肯定的な姿勢を取っていたりと、意見の相違部分があった。

「電気自動車の発想は、原発が稼働しているのを前提に夜中は電力が余っているのでそれで充電しましょうというものなんです。でも僕達はそもそもムダな電力を生まない、独立電力でエネルギー問題を変えていきたいって思っていて、その点でも違いがあった」（松葉）

「最初にタイジがイメージしていたのは大きな企業に頼るのではなくて、色々な人が力を出し合って作る、新しいエネルギーの形でのライブだったんです。だから小さいところでもいいから、ソーラー関連のものを作っているなら話を聞こうよって言ってました」（山本）

こうしてプロジェクトは、ライブまであと半年の2012年春に、振り出しに戻ってしまう。

「WOWOWが主催することは決まったけれど、肝心のソーラー発電がこんなに紆余曲折したのに決まっていなくて……。本当にどうしようかと悩んでいた時に、ある会社から突然連絡が来たんです」（松葉）

●「うさんくさい」会社からのオファー

ある会社――、岐阜県中津川市に本社がある中央物産は、エアコンの冷媒用被覆銅管や電動アシスト自転車のバッテリーなどを製造しているが、2010年からリチウムイオン蓄電池・enenovaの製造も始めていた。創業4代目となる専務の三尾《みお》泰一郎と河合佳孝から、ある日メールがシアタープルックのオフィシャルサイトに届いたそうだ。

「『ソーラー発電で武道館ライブをやると聞いたんですけど、とにかく1回話を聞いてもらえませんか』と言われて、『なんだかうさんくさいぞ』と思ってしまいました。というのもその当時は独立電源を用意して、シンプルなライブをやることしか頭になかったのに、彼らは『これからはソーラーがエネルギーのメインストリームになるから、音楽業界とソーラー業界を結んだビジネスを考えよう』なんてことを言ったんです。でも真意は『なんの利益にもならない話を持って行っても門前払いを食らうだろうから、わざとビジネス話を持ちかけた』のだと後日わかり、結局笑い話になりました。

そして付き合ってみてわかったのですが、彼らはとてもピュアで、専務は元ミュージシャンだった

んです」（松葉）

専務取締役の三尾泰一郎は1972年生まれ。中津川で育ち、高校時代に友人とロックバンドを始める。大学入学のために大阪に引っ越すが、バンド活動は続けた。

「当時心斎橋筋に吉本興業の二丁目劇場というのがあって、千原兄弟や雨上がり決死隊がライブをやっている中で、音楽とお笑いを融合させようということで出演バンドを募集していたんです。そのオーディションに合格して、月2回、二丁目劇場に出演することに。僕はギターで某大手メジャーレーベルからデビューする話もいただきました」

同時に三尾は、中央物産の跡取り息子でもあった。現社長である父親と「男と男のバトル」の結果、25歳までにメジャーデビューできれば音楽活動を認めるという約束を取り付ける。しかしメジャーデビューにむけた話を進めていた25歳の冬、中国の合弁会社で働いて欲しいと父親から懇願されてしまう。

「今だから笑って話せるけど、かなり切実な話で。生まれてはじめて親父に土下座をされて『上海に行ってほしい』と言われたんです。普段は頭を下げない親父だから『そこまで切羽詰まっているならしょうがないか』って、腹をくくりました。でも正直、メジャーでやっていくことへの限界を感じていたんです。同時期にアマチュアで活躍していたくるりの岸田くんと自分を比較すると、圧倒的に彼の曲の方がハイレベルで。プロデビューを諦めて、上海に行くことに決めました」

電動自転車のバッテリーを担当していた2008年頃、軽くて安価なリチウムイオン電池の技術を学ぶために、三尾はアメリカのロサンゼルスに向かった。そこで出会ったのは「100%リチウムハウス」という、太陽光エネルギーだけで生活電源をまかなう住宅。実証実験の段階だったが、「これはクールだな。なんとか日本に持ち込めないか」と思ったそうだ。

「それまで電気は、電力会社から供給されるものだと思いこんでいました。でもロスで100%リチウムハウスを見たときに『カッコイイ！』って瞬間的に思ったんです」

カッコイイと感じる気持ちが仕事のモチベーションになっていると語る三尾には、THE SOLAR BUDOKANも「とてもカッコイイ」ものに映った。

「ずっと以前から、ソーラー発電を使いながら自然と共存する生活をするにはどうしたらいいか？と考えていたのですが、一市民が声をあげて伝えようと思ってもなかなか伝わらないし、やり方もわからない。デモをやる気概もない。だから友達や身内に話すぐらいしかなかった。でも2011年の6月にタイジさんがウェブサイトで『ソーラーエネルギーだけで武道館ライブをやる』って告知したのを見て、これだ！と思ったんです。僕も若い頃にバンド活動をしていたけれど、詞やメロディで人の気持ちを揺さぶるところまでは、力が及ばなかった。でもシアターブルックという大先輩が今の自分と同じ目標を掲げたのを見て、『僕らがシステムを構築すれば、タイジさんがイメージする100%ソーラーでのライブをサポートできるだろう。彼らがソーラーのカッコよさを伝えてくれれば、たくさんの人の心に届くはず。協力しない理由がない』って思ったんです」

アーティストとして知ってはいたけれど、面識は全くなかった。そこで三尾は直々に企画書をしためて松葉あてに郵送し、電話連絡をする段取りをつけた。

「最初、社員に企画書作成を頼んだら『こんなものが当社にはあります』みたいな、まるで企業向けプレスリリースみたいだったので『硬い！　ダメだ！　ロックじゃない！』って思って。元吉本の血が騒いで『太陽の力でロックを鳴らせ！』とか、暑苦しい文章を書いて送りました（笑）」

そのダサ熱さが松葉に伝わったのか、佐藤タイジ、山本、松葉と三尾、河合の5人で会うことになった。場所は名古屋市内の居酒屋『世界の山ちゃん』。5人は4時間に渡る激論を交わした。

「その時はタイジさんがあちこちにアドバイスを求めたなかで、『そんな大規模なサウンドシステムを太陽光で出来る訳がないという意見もあって、どうしたらいいかわからない』みたいなことをおっしゃったんです。だから僕らは『ソーラーパネルは発電量が不安定だし、曇りや雨だったらほとんど機能しない。だから事前に蓄電しておきましょう』と話したんです。そこから『コンパクトな蓄電池を集めてライブをやろう』と、話がより具体的になっていったのを覚えています」（三尾）

●「ソーラーは音がいい」ワケ

蓄電池を使うという発想を支えたのが、東京の新木場にあるRA《ラー》という会社だ。RAはソーラーを使った音響設備システムの会社で、震災以前から100％ソーラーでのライブイベントなどを手がけていた。素人の耳にはわからないような、ほんのわずかな音の違いにもこだわるRAの技術者達は、クオリティの高い音を求めた結果、ソーラーによる音響システムにたどり着いたという。

ＲＡは山形県の蔵王温泉スキー場にある、コネクテックという舞台音響会社も抱えている。コネクテックは震災後の東北を盛り上げるべく、東北のライブイベントでの爆音出しに一役買っている。これらのイベントをきっかけに、ＲＡと繋がることができたのだ。

　では、どうして「クオリティの高い音を求め」るとソーラー発電による音響システムに行き着くのだろうか？　そこに「思い込み」以上の理由はあるのだろうか？

　小学校レベルの理科知識しかない私に、「まず、電気には乾電池などの直流と、電線を伝わってくる交流の２種類があります」と懇切に教えてくれたのは、東京電力の第一カスタマーセンターの担当者だ。

　原発や火力など大規模発電所で発電された電気は、送電線を通じて消費地に届けられる。その際、高圧の交流（東日本では1秒間に50回スイッチする50ヘルツ、西日本では60回の60ヘルツ）で送電されるのは、家庭用の１００ボルトに電圧を下げるのが容易だという利点があるからだ。直流の場合は、

記念すべき第1回ソーラー武道館。ミュージシャンは「音がいい」と口を揃えた。

100ボルトのままで送電しなければならないので、一度に大量に送電することができない。

しかし、「長大な送電線はアンテナ代わりになってしまって、さまざまな電波を拾い、それがノイズになってしまう」という。しかも、発電所から届いた電気は、家の近くにある変圧器で電圧を変換する際に、これまたノイズが発生する。

すなわち、大量生産・大量輸送のために、クオリティのやや劣る電気が、大電力会社からは供給され、それを使わざるを得ないのが私達の現実なのだ。

「タイジさんが『ソーラー蓄電池を使うと、音がいいんだよ』って言うんです。確かに聴いてみるとすごくクリアで。電気って実は周辺の環境に敏感で、たとえば空調が回っていると、電源自体に負荷がかかる。それもアンプの音に影響するんです。この『音がいい』も、参加してよかったと言われる理由のひとつになりました。リハーサルの時にギターアンプを鳴らしてみたら『ギューン！』と響くので、『おお！　ヌケがいい！』みたいに盛り上がって。上位モデルのギターやベースだとすぐわかりますよ。質の良い電気は楽器やアンプが持つ本来の性能を、存分に引き出してくれるんです」（松葉）

「ソーラーを使うと音がいい」というのは、まったく論理的かつ科学的なことで、RAが高い音質を求めた結果、ソーラーにたどりついたのは当然なのだった。

そのRAに加えて、坂本龍一をCMキャラクターに起用した京都のエクソル、品川区大崎にあるエリーパワーもリチウム蓄電池の貸し出しを快諾。中央物産のブランドenenovaも、バックヤードのステージモニターの電源を担当した。
「でもこれでライブ用の電力をまかなえるかどうかは、やってみないとわからなかった。途中で電力が足りなくなって止めざるを得ないことがあるのは覚悟していました。なのにそんな状態でみっちり３時間もライブをやろうと企画していた。今思うと恐ろしい話です（笑）」（松葉）
とはいえ会場照明などにも電気は必要だし、まして日照時間が短い12月。そこで会場照明に植物油を使ったバイオディーゼル発電を使い、会場電源やフロントスピーカー用にはグリーン電力証書（再生エネルギー発電者から電力を調達する方法のひとつ）を買う手段をとった。
当初タイジは、グリーン電力証書の購入にはとくに躊躇していたと松葉はふり返った。だが背中をポンと押した人物がいた。そのうちのひとりが、経産省の村上敬亮《けいすけ》だった。

●背中を押した経産省官僚

「家系図は残っていないけれど、先祖は村上水軍の末裔でバイキング。その割に本人は軟弱ですけどね」

少し鼻にかかった声の早口で話す村上は、経産省の資源エネルギー庁新エネルギー対策課長をつとめていた。以前はメディア・コンテンツ課長でクール・ジャパン戦略の立ち上げを担当し、２００９年７月から地球環境対策室長として、地球温暖化国際条約交渉を担当。地球温暖化対策の重鎮専門家とミーティングしていた時に、震災に遭っている。

「ビルの34階にある会議室にいたからすごい揺れたのに、先生方は相変わらず温暖化対策についての難しい話を続けていた。僕が窓際のほうにいたら『村上さん、ビルって端から落ちるからこっちに来たら？』とか冷静に言われて（苦笑）。その時は、この大家の先生方をどうやって1階まで誘導できるかを考えていて、咄嗟に津波のことまでは考えられませんでした」

村上は同年9月に新エネルギー対策課に異動し、高さ200メートル以上の巨大風車による洋上発電を福島県の楢葉町沖に建てる、福島洋上風力コンソーシアム事業など、再生可能エネルギーの普及に広く携わっている。

「タイジさんとはジョー横溝さんのInter FMの番組に呼んでもらったのがきっかけで知り合った。いきなり『俺もひどいけど村上さんも顔ひどいね〜』って明るく言われて（笑）。『髪の毛で目の前が見えない奴に言われたくないわ！』って思ったけど（笑）。でもお互い1967年の1月生まれで、誕生日が数日しか違わないし、『村上さんって、本当に無茶苦茶で、面白いことを言う人だよね』って」

この時にスタッフとタイジは、ソーラー発電とグリーン電力証書の整合性を模索していた。

「全部生の電気でやりたいって気持ちは理解できたし、証書で困っているとのことだったので、太陽光発電でグリーン電力証書を発行している、おひさま進歩エネルギーという会社が長野の飯田市にあることを紹介したり、テクニカルなアドバイスしました。無事にうまく調達できたようです」

それにしても資源エネルギーのプロである村上にとって、ソーラー発電での武道館ライブは、一見無謀とも思えなかったのだろうか？

経産省の村上は、佐藤タイジと誕生日が近いこともあり意気投合した

「だって経産省としては、このライブを機にエネルギー問題に関心を持ってもらうことはとても重要だし、イベント自体面白いし。タイジさんには『ぜひやろう！』って言いました。ライブ当日に藤井フミヤさんとか斉藤和義さんとか凄い方がたくさんいて、『だってタイジくんが言ったからしょうがないよね』って話になりました。それを聞いて、『佐藤タイジさんって本当にすげえんだ』って思いました。たくさんのアーティストにバカ熱く愛されている彼だから、できたライブなんじゃないかな」

その後、エネルギー業界や、日経新聞など経済紙もTHE SOLAR BUDOKANに関心を寄せるようになった。

「手続きが間に合わず、経産省としては正式に後援できなかったので、当日会場で配布した修了書に、個人としてのリコメンデーションメッセージを入れてもらいました。もらった人、逆にしらけないかな？って心配したけど（笑）」

◉「フェス番長」の求心力

タイジと元々付き合いがあった斉藤和義や浜崎貴司、奥田民生に加え、Ｓａｌｙｕや藤井フミヤなどは、松葉との繋がりから出演がかなった。吉川晃司との出会いも、松葉がもたらしたものだった。

「タイジさんと吉川さんは面識がなかったけれど、出会ったら絶対共感し合うと思っていました。吉川さんはギターにこだわる方なので、ロックギタリストのタイジさんとハモるだろうと思い、３人と双方のマネージャーで飲みに行って出演が決まりました」（松葉）

脱原発を表明している加藤登紀子や、佐藤タイジと交流が深いアーティストについては納得がいくが、ＬＯＶＥ ＰＳＹＣＨＥＤＥＬＩＣＯや藤井フミヤなどは、自身の活動以外でメッセージを発信する機会は少ない。そんな彼らを出演に導かせたものは「タイジの人間力とソーラーによる音の良さだった」と山本は分析する。

「なかには『音楽以外のことは言いたくない』というアーティストもいましたので、そこはタイジさんから直接『政治的なことを言ってもらいたい訳ではなく、ソーラー蓄電池のライブは音がいいから、一緒に演奏できたら嬉しい』ということを伝えてもらいました。タイジさんはフェスの楽屋では一番にぎやかで、みんなとワイワイ親しく話す、まさにフェス番長。だからタイジさんから、アーティストに直接連絡してもらうのが一番でした」（山本）

山本の目に映る佐藤タイジは、「明るくてぶっちゃけトークもよくするけれど、常に自分の考えを表明するタイプ。音楽には真剣で納得しないと絶対に首をタテに振らない、自分を曲げない強さを持っている人」。そんなタイジに頼まれたからこそ、出演をOKしたアーティストもいたことは想像に難くない。

●成功からのリスタート

出演アーティストのラインナップ以上に懸案事項だったのは、「ソーラー電源がライブ終了まで持つか？」だった。

「最後の最後まで蓄電池をかき集めて、当日はよく晴れたので武道館の前で朝7時から充電していたんですけど、なにぶん初の試みなので電池の減り方の予測ができなかったんです。で、よく考えると本番だけじゃなくて、リハーサルでも電力を使うんです。使った分だけソーラーパネルで発電して、みたいなことを続けていたわけですが、12月なので17時前には日が落ちてしまう。それで果たして終演の22時頃まで持つのか。本当に不安でした」（三尾）

蓄電池を使い切ってしまったら、バイオディーゼル発電のバッテリーに切り替えなくてはならず、作業のためにライブは一時中断してしまう。それではカッコ悪いし、オーディエンスのテンション

2012. 12. 20　日本武道館

1　インディーズ電力メドレー ／ インディーズ電力
2　Close To You ／ The Sun Paulo
3　まばたき ／ THEATRE BROOK
4　Tone ／ Leyona
5　Fever ／ 和田唱（TRICERATOPS）
6　Lady Madonna～Rockin' In A Freeworld ／ LOVE PSYCHEDELICO
7　愛と死のミュゼット ／ 加藤登紀子
8　together tonight ／ Salyu
9　新しいYes ／ Salyu
10　光について ／ 田中和将
11　R'N'R JEDI ／ 田中和将 & 増子直純
12　オトナノススメ ／ 増子直純
13　幸せであるように ／ 浜崎貴司
14　サンシャイン ／ 土屋公平 with 屋敷豪太
15　Shinin' You, Shinin' Day ／ Char with 屋敷豪太
16　Smoky ／ Char with 屋敷豪太
17　１９９０ ／ 吉川晃司
18　BOY'S LIFE ／ 吉川晃司
19　ルート２ ／ 奥田民生
20　マシマロ ／ 奥田民生
21　嵐の海 ／ 藤井フミヤ with 奥田民生
22　Another Orion ／ 藤井フミヤ
23　歩いて帰ろう ／ 斉藤和義
24　やさしくなりたい ／ 斉藤和義
25　ガルシアの風 ／ 仲井戸〝CHABO〟麗市
26　昨日よりちょっと ／ THEATRE BROOK
27　ありったけの愛 ／ 全出演アーティスト

Dr. 沼澤尚、阿部耕作
Bass 中條卓、ウエノコウジ
Key. エマーソン北村、奥野しんや
G. 佐藤タイジ
Cho. うつみようこ

も下がってしまうから、どうしても避けたかった。

そこで照明は最初からバイオディーゼル発電で、空調やフロントスピーカー部分はあらかじめ2000kwh分のグリーン電力証書を購入したものでまかなうことにした。各社の蓄電池を組み合わせて、ステージ機材や映像送出などに使う400kw分の電力を確保しておいたので、ライブ終了まで無事に乗り切ることができた。

「むしろ余ったぐらいでした（笑）。『やった！』って思ったし、色々と力になってくださった方のおかげで乗り切れたけど、正直な話、あと1カ月は準備期間に欲しかった。たとえば『バイオディーゼルは太陽の力で育った植物の廃油を燃やすのだから、ソーラーエネルギーの一種と考えられる』と、アドバイザーをしてくださった金沢工業大学の鈴木康允教授に言われたんです。でも本音を言えばもっと蓄電池を増やして、ソーラー電源だけでまかなえるセクションを増やしたかった。とはいえこのライブを乗り切ったことで、次の道筋が見えてきました」（松葉）

こうして18時30分にスタートし、21時45分まで3時間に渡るライブは7000人ものオーディエンスを集めて、無事に幕を閉じた。記念すべき第1回THE SOLAR BUDOKANのセットリストは、前頁の通りだ。

フィナーレを飾ったのはやっぱり、シアターブルックの『ありったけの愛』。「その上の太陽は、ありったけの愛だけでできてると思いませんか?」のフレーズは、翌日に冬至を迎えるこの日も、じんわりとオーディエンスの心を温かくしたことだろう。

「僕とタイジさんはずっと、明治維新を思い浮かべながら準備をしていたんです。坂本龍馬って脱藩浪人ですよね？　自分もタイジさんもある意味、フリーな立場の脱藩浪人。自由にあちこちを駆け回れたから、THE SOLAR BUDOKANを開催することができたと思います。松葉さんとも2010年頃までは、アーティストマネージャーと番組制作者の関係でしかなかったのだけど、震災後に『こういう時こそ佐藤タイジだ』と、2人で力を合わせるようになれて。シアターブルックにはメガヒット曲はないけれど、タイジさんは名声よりも『音楽で世界は変えられる』って思いで活動しているし、自分も失うものはないから、彼の背中をバンバン押してあげることができた。まさに『アホの勝利』なのかもしれないけれど、タイジさんや彼を慕う人の力で黒船が生まれて、ゆくゆくは本当に世界を変えることができるかもしれないと思うんですよね」

と、山本は眼を細めながら当時をふり返った。しかし成功の余韻に浸る間もなく、THE SOLAR BUDOKANはすぐに次のライブに向けての、準備を始めることとなる。舞台を中津川に移して。

声をあげていれば 必ず結果が出ると思うから THE SOLAR BUDOKANを 応援し続けたい

SUGIZO インタビュー

インディーズ時代から既に名は知れ渡っていたが、LUNA SEAは1992年、メジャーデビューアルバムがオリコンチャート9位にランクインするなど、あっという間に人気に火がついた。ハデで華やかなものに囲まれながらSUGIZOはずっと、疑問を抱えていたという。

本当にダークで、無茶苦茶な毎日を送っていました（苦笑）。でもそんななか、自分達の生活環境や社会のある一部に対して、徐々に疑問を持って。それは何かというと、僕ら国民は理想の社会を作り上げていくことに対して、あまりにも無頓着だということ。想像力をはたらかせながら社会をより良き方向に構築していくことは、人間としてもっとも自然で大事なこと。なのに選挙の投票率の低さを見ても分かるとおり、国民は社会に対する参加意識が希薄な、まるで大事な牙を抜かれた、骨抜きにされた状態だと思わざるを得ない。

たとえば世の中に希望を求めていたから明治維新が起きたはずだし、大正以降に西洋文化が入ってきたら、日本は積極的に西洋の技術を取り入れて発展していった。しかし今の日本はほとんどの国民がノンポリで、社会に意識を向けるとマイノリティ扱いされるようになってしまった。

これが一番の問題だと思うようになったんです。

その頃から関心を持っていたのはエネルギー問題と環境問題、そして貨幣を中心にすべてが廻っていく経済システムについて。色々な知識は感情が蓄積されていくなかで、「なぜ人間として生きるために不可欠なものを得るのにすら、貨幣が必要なのか」という疑問にもぶち当たったという。

人間はエネルギーと空気がないと生きられないのに、お金を払って使わせてもらうのはおかしいと思ったんです。だって電気はお金を払わないと使えないし、ガスもそうでしょ。生きることにお金が必要で、僕らの命はお金が握っているということですよね。

そう考えると僕たちは貨幣経済システムを作った人の思いのままに支配され、命を握られながら生かされている。90年代の終わり頃から、これでいいのかと疑問に思うようになりました。

ＬＵＮＡ ＳＥＡの活動は多忙を極め、スケジュールもまさに分刻みだったのに、考えることをやめなかった。それどころか考えることをやめた人達を、心のどこかで軽蔑していた。そんなＳＵＧＩＺＯは２００６年、坂本龍一が中心になって立ち上げた、青森県上北郡六ヶ所村にある核燃料の再処理工場への反対アクションに参加。書籍『ロッカショ　２万４０００年後の地球へのメッセージ』（講談社）の書き手の一人にもなった。そしてその本にコメントを寄せたひとりが、佐藤タイジだった。20年近く前からアーティストとして存在を知ってはいたが、強く意識するようになったのはこの頃からだったという。

それまでもいろんなところで顔を合わせていたのだけれど、タイジくんはナチュラル・ボーン・グルーヴマスターというか、音楽もグルーヴも全身を使って表現していて、音を奏でることで喜びを表現するアーティストという強烈な印象があった。デビューしてからずっと僕らはビジュアル系だと認識されていたので、彼とは真逆なイメージだったんです。

でも僕もタイジくんも全身で音を表現するパフォーマーで、音楽的ルーツや精神性、社会意識が似ていたので、同じ方向を向いている人だと気付いて……。似た種族でありながらも、タイジくんの表現は太陽で、僕は月。そんな感覚です。彼は素晴らしい偉大なミュージシャンだけど、根は天然で一緒にいるとハモれる。そんな人です。

自分が変わる一番のきっかけは、子供を持ったこと。親になったことで、「世界をよりよくしないと、時代のバトンを子供達に渡せない」という思いが強まった。そしてのちに迎えた2011年3月11日も、人生の中のとても大きなきっかけとなった。

その日僕は、LUNA SEAのロサンゼルスコンサートの劇場用映画を編集する日でした。だから自分で車を運転して代々木のスタジオに向かっていたんですけど、首都高の外苑出口を降りた直後にぶわーっと揺れたんです。『今日の高速はなんだか揺れるなあ』って最初は思ったけど、目の前の木や信号も揺れてたから『ここ高速じゃない!』って気付いて、慌てて車から飛び降りました。

そこから数十分後、自力で運転してスタジオに到着しましたが、テレビを点けたら津波が家や車に押し寄せる空撮映像が、リアルタイムで流れていました。その衝撃に凍りつきました……。

でもそれ以上に同じスタジオにいた違うグループが、映像を見て『おーすげー!』と盛りあがっていたことへの怒りと、極めて愚かで悲しい人種が同じ場所にいたことを、今でも強く覚えています。

その後しばらくして作業を始めたんですけど、なかなか集中するのは難しく、監督の娘さんが学校に取り残されたというので迎えに行ったりしているうちに、僕も帰宅できなくなってしまって。結局明け方になってから帰路につきましたが、途中のレインボーブリッジで渋滞にはまってたら、また大きな揺れが来て。新潟と長野の県境の地震によるものだったんですけど、さすがにその時は『もうダメかな』と覚悟しましたね。

2011年4月、SUGIZOは震災ボランティアに参加して石巻に9日間滞在した。理由は「わからない。でも自分ができることはなんでもしたかった」から。ピースボートのボランティアチームの一員として、ヘドロのかきだしやがれきの撤去、家屋の清掃などの力仕事にあたった。

震災の3週間後に行ったんですけど、まだあちこちへドロまみれで、今までのかけがえのないものたちが使い物にならない、ガレキに変わってしまっていて。どんなに大事なものだったとしても、ひとたび天災が起きるとガレキになってしまうのを見て、所有することや物を求めることのむなしさを痛感した。すべては永遠ではないと改めて実感しました。

でもそんな状況でも、街を復活させようと歯を食いしばって頑張っておられる地元の方々に、僕自身がエネルギーをもらっていました。ボランティアに行く人達はボランティアをしながら、被災者の方にエネルギーを頂いているのかもしれません。そしてそんなボランティアが世界中から集まっていた。彼らが日本で懸命に働く姿を見て、地球上はつながっているんだという感動も覚えました。事が大きすぎて、その気持ちを音楽に込められるのかは、今もまだわかりません。でも僕個人としても、日本人としてもあまりにも大きな出来事だったので、影響がないわけはないと思っています。

今唯一言えるのは、それでも自分は生きているということ。ボランティアに行って危険な目に遭う可能性もあったけれど、それでもなお生きている。ボランティアに行く前と後での一番大きな違いは、『今生きていて音楽を奏でられることは当たり前ではなく、奇跡的な幸運の上に成り立っている』ということを知った事。だからすべてに心から感謝するようになった。

具体的にどう音楽に影響を及ぼしているかはわからないけれど、自分の出す一音一音が感謝の気持ちに満ち溢れている、そんな感じが今はしています。


ボランティアに参加したり、社会に対する声をあげたりと、ハッキリと自分の思想的スタンスを表明することで、共感できないファンが離れていくのではないか。そんな危惧からあえて声をあげないアーティストもいるなか、SUGIZOは一貫してメッセージを発信し続けている。周囲からとがめられたり、ファンに何かを言われたりすることへの、恐れはないのだろうか?


世の中に対して自分の考えを発信することは特別なことだと思わないし、そこは会社員もアーティストも同じ。僕はたまたまミュージシャンをしているけれど、世の中をよい方向に導きたい思いは、誰であれ同じだと思うから、特段意識はしていません。それで事務所が嫌がることがあったとしても、国民の一人として発信する権利があるのだから、それを押さえつけられる理由はないと思います。

だって原発にしてもいきすぎた拝金主義にしても、僕の親世代がしてきたことのミスは、僕達の世代で止めたいですから。それが無理でも、社会を変革するためのきっかけは作れると思っている。

自分が生きているうちには無理でも、僕は時代を変えるギアのひとつになりたい。だから命と引き替えに明るい未来がやってくるなら、いつ死んでもいいと思ってます。

THE SOLAR BUDOKANには、2012年のファーストイベントの頃から注目していた。ようやくスケジュールの都合がついたので、2014年に念願の参加がかなった。

とにかく日本で最初の、このすばらしい理想を持ったライブのヴァイブレーションを、来ている皆さんに感じて頂けたらと思いました。タイジくんが中心となってどれだけ大切なことをしているか、音楽で世により良き影響を与えたいと、気高い意識を持つアーティストが集まり、皆さんに何を伝えたくてやっているかを感じ取って欲しい。

音楽って、何も考えずに楽しんでもらえればそれでいいと思いますが、その作り手が持っている意識や理念、あとはその時代のとても大切な何かが込められているのものなんです。本来はあらゆるアートがそうであったのだけれど、今の日本人は骨抜きにされてしまい、社会性が表現に込められることが少なくなってしまった。でも平和な時代ならそれでもいいと思いますが、今の日本は一人一人が社会と世の中に対しての意識を高く持たなければ、本当に危ない方向に進んでしまうと思っています。国を愛するということは右でも左でもなく、自分達の世界をより良きものにしていくこと。

僕は日本が好きで地球が好きで、日本は地球の一部だと思っています。だから社会や政治に関心を持ち、子供達により良き世界へのバトンを繋いでいきたい。僕はさじを投げたくない。『どうせ無理だろう』と思いたくない。声をあげていれば必ず結果が出ると思うから、その声のひとつであるTHE SOLAR BUDOKANを応援し続けたいし、タイジくんとは同志として、ずっと長く付き合っていきたい。

何より一緒に音を出すとお互い問答無用でグルーヴできるので、音楽を通してもさまざまなつながりを持ちたい。僕は単純に佐藤タイジというギタリストと彼のユニットThe Sun Pauloが大好きなので、そういう意味でも一緒にやれるのは嬉しいですね。

SUGIZO　1969年生まれ。LUNA SEAのギタリストとして活躍する傍ら、2008年からX JAPANのメンバーとしても活動する。東日本大震災後には石巻市でボランティア活動も行った。

ころからは、

「丁寧な本づくり」を目指して、

2013年に創業しました。

社会の多様性を楽しめる本を

刊行していきます。

ころから株式会社

〒115-0045　東京都北区赤羽1-19-7-603

TEL 03-5939-7950　FAX 03-5939-7951

ホームページ http://korocolor.com

7人を子育て中の日本人妻エッセイ

サウジアラビアでマッシャアラー！

嫁いでみたアラブの国の不思議体験

ファーティマ松本

1600円＋税／978-4-907239-00-8

2刷

「アジ鉄」写真集の決定版

I LOVE TRAIN

アジア・レイル・ライフ

米屋こうじ

2200円＋税／978-4-907239-01-5

ヘイトスピーチの源泉と行く末を知る

ナショナリズムの誘惑

木村元彦、園子温、安田浩一

1400円＋税／978-4-907239-02-2

本屋大賞PR誌の好評連載を単行本化

離島の本屋

22の島で「本屋」の灯りをともす人たち

朴順梨

1600円＋税／ISBN 978-4-907239-03-9

3刷

元ホスト、新右翼青年の反差別行動ルポ

奴らを通すな！

ヘイトスピーチへのクロスカウンター

山口祐二郎

1200円＋税／978-4-907239-04-6

第 2 章

We as ONE
武道館から中津川へ

◉「日本のウッドストック」へ

日本武道館でのTHE SOLAR BUDOKANには7000人もの観客が集まった。そして、ソーラー100％電源での音楽ライブは無事に幕を閉じた。このライブを成功させたことでソーラー発電関連企業との繋がりが生まれ、さらに新しい仲間もできた。

「大阪にソーラーのシステム・インテグレーターの会社があるんですけど、そこやジャパンソーラーなどが、パネル提供を申し出てくれたんです」（松葉）

さらに佐藤タイジと松葉は社団法人ザ・ソーラーチルドレンを設立。被災地に住む人達と一緒にソーラーパネルと蓄電池のシステムを作り、それを子供達にプレゼントするプロジェクトを始めた。

次回のTHE SOLAR BUDOKANはどこで開催するか。年が明けた2013年1月、中央物産の三尾と河合と都内で酒を交わしながらそんな話になった。タイジが「次は野外でやりたい」と言ったところ、三尾が

「じゃあ中津川でやりませんか？　うちの地元だから電池の在庫もあるし、太陽光発電を生産している三菱電機の工場もある。それに100％ソーラーを目指すなら、野外でやるのはいいと思います」

と提案した。

「僕らもソーラーは野外ライブ向けだなって思っていました。武道館って敷地に限りがあるから並べられるパネルが限定されるけど、野外なら広大に並べられるし。それに中津川にはフォークジャ

ンボリーの歴史がありますよね。まさに日本のウッドストックだと思ったんです」（松葉）

中山道の宿場町として栄えた岐阜県中津川市は、かつて島崎藤村が「木曽路はすべて山のなかである」と描いたとおり、木曽山脈と三河高原に囲まれた町で、現在の人口は約8万2000人。地元の人たちは我が町を親しみを込めて「ナカツ」と呼ぶ。藤村の『夜明け前』の舞台となった馬籠《まごめ》宿や、日本百名山の恵那山などが観光スポットになっているが、名古屋生まれの松葉にとっては、小学校のキャンプで行く場所でもあった。

三尾たちの動きは素早かった。東京での酒席のあとすぐに中津川公園などへの視察にタイジや松葉を連れて行き、警察や消防、中津川市役所などの各団体、市議会議員らへの働きかけを始めた。

「2011年に青年会議所の理事長をつとめたこともあり、様々な人たちと関係を築いていたんです。中津川市には2027年にリニア新幹線の駅ができることになっていて、開通すると東京から約40分で着く町になる。今は新しい中津川をどう作っていくかを官民一体で話し合っている段階で、僕もまちづくり会議のメンバーに入ったりして。僕の息子が22歳になった頃にリニアの駅ができるけれど、その時に町がイケてなかったら、子供に『10年以上も何やってたの！　駅ができただけじゃん！』って言われてしまう気がして。でも具体的なビジョンがまだ生まれていなかったから、ひとつ大きな柱を立ち上げていきながら、『うちにはこんな素晴らしいイベントがあるぜ！』と自慢できるものを作れば、中津川に住み続けたい人が増えるだろうという思惑もありました。中津川って日本初の野外フェスだったフォークジャンボリーの歴史があるから、それを踏襲しながら新しいフェスを作

るのは、音楽史的にも大きいのではないかとも思ったんです」(三尾)

フジロックほどの大規模ライブは無理でも、コンパクトで居心地のいいフェスができるはず。なかには「こんな田舎に人が集まるの？」「本当に有名なアーティストが来てくれるの？」と、疑問を口にする者もいた。だがそれはタイジの熱い気持ちと、松葉のプロデュース力で乗り切れると確信していた。

「中津川市長に2回プレゼンして、その後タイジさんが訪問したことで、市長が『やろう！』と言ってくれたんです。タイジさんの力は大きかった。でも決まったのが5月で、ライブの予定は9月。準備する時間はわずか4カ月しかなかった(苦笑)」(三尾)

●フォークジャンボリー世代の市長

窓の外に広がる山並みと広い空。川沿いにある中津川市役所は、中津川駅から車で約10分の場所に庁舎をかまえる。白髪にブルーのネクタイのコントラストが鮮やかな青山節児《せつじ》市長は、2011年までJA(農協)の役員をつとめ、2012年の市長選挙に無所属で立候補し当選している。

「実はJA理事の立場で、生涯を終えるつもりでした。こんな政治を知らない男が、人生60にもなって立候補するなんて……」

そう言いながらはにかむ市長のもとに、市役所職員から中津川でのTHE SOLAR BUDOKANの話が持ちかけられたのは2013年春のこと。「面白そうなので直接話を聞きたい」と伝えたら、三尾をはじめ数名が、武道館でのライブについてのまとめを携えてやってきたそうだ。

「中津川市は三菱電機の太陽光パネルの関連商品が地場産業のひとつになっています。また20ｋｗ～50ｋｗ程度の事業用太陽光発電も市内各地で盛んですし、市内には農業用用水を活用した小水力発電があり、自然エネルギー事業が進みつつあります。だから電力消費量の大きいロックコンサートを太陽光発電で2日間行うのは、中津川市の取り組みや産業のＰＲにもなると思いました。そして中津川には江戸時代から続く歌舞伎小屋の伝統や、フォークジャンボリーの歴史、そしてアコースティックギターを生産する高峰楽器製作所もあります。先人から脈々と受け継がれてきた文化を、守り続けている町なんです」（青山市長）

名古屋で弦楽器製作の修行をしていた高峰楽器の創業者は、伊勢湾台風で被災したことで妻の実家がある岐阜県坂下町（現在の中津川市）に移転し、１９５９年にアコースティック楽器の工房を開業した。70年代半ばに自社ブランドを立ち上げ、79年にはエレアコ（エレクトリック・アコースティック・ギター）の第一弾を海外で発売。以来タカミネギターは、デヴィッド・ボウイから福山雅治まで多くのアーティストに支持され続けている。

ぼくとつな訛りを残した口調で、高峰楽器のある坂下地区の椛の湖を見て下さい、と言いながら青山市長が地図を広げた。

「椛の湖のオートキャンプ場のあたりになるんですけど、ここでフォークジャンボリーが行われて、今はステージがあります。キャンプ場が出来て当時とは景色が変わりましたけれど……」

第1回のフォークジャンボリーが開催された1969年、市長は高校3年生だった。歌は全くダメ、でも聴くのは大好きで、音楽は「頭の中に流れるリズムで高揚感や歩き方も変わってしまうほど、生活の一部になっている存在」。当然フォークジャンボリーも見に行けるものだと思っていたが、学校が「まかりならぬ」と高校生の入場を制限、「入場券が買えず、近くの山を登って友達5人で、ステージの裏手に回ってこっそり聴いていました。邪魔な木は仲間と切り倒したり」と懐かしそうに笑う。

岡林信康や高田渡《わたる》がパフォーマンスを披露した伝説のライブは、「無気力・無関心・無責任の三無主義」に染まっていた青山少年の心にも、熱いものとして残った。その幸せな記憶があったからこそ、2013年5月にタイジと会った瞬間、後援を決めたのかもしれない。

「高田渡さんなどは、その後もよく中津川に来てくださったんです。でもロック系のミュージシャンとは直接会う機会がなかったので、どんな方なんだろう？　って思いながら面会したのですが、とても目の優しい方で。彼ならと思いました」

中津川市議会は1986年に核兵器廃絶都市宣言を決議している。だが原子力そのもの以上に、ひとつのエネルギーに依存することと、原発について議論し尽くされなかったことの方に問題があると、青山市長は考えている。

「生活の利便性や安定供給のためのエネルギー源として、かつて原発が作られていきました。それによって今の日本ができあがったのは事実ですが、危険性を人々はどこまで認識していたか。事故があって初めて広く議論されるようになりましたが、計画の時点でなぜ、リスクについて十分話し合えなかったのか。だから想定外って言葉が出てしまうのではないかと思うんです。それにどんなエネルギーであれ選択肢がひとつしかないということは、それがダメになった時に、ゼロからリスタートしなくてはならなくなる。現在の再生可能エネルギーには風力も水力も、太陽光も地熱もあります。太陽は誰にでも間違いなく降り注がれるものだから有効に使いたいけれど、中津川は2000メートル級の山がある町なので、地域によっては日照が不安定です。だから農業用水で発電する小水力発電所を作りました。このようにエネルギーは地の利を活かして、複合的に利用するのが一番だと思っています」

原発反対のメッセージを強行に打ち出すことよりも、目の優しい人達によるロックイベントで町おこしをしたい。「ナカツ」をもう一度、音楽の町にしたい。そんな思いから市長は手を組むことに決めたのだ。

◉地球最初のチャレンジ

中津川市が後援することが決まり、三尾は実行委員会の立ち上げに奔走した。消極的な意見もあったし、「三尾の音楽好きが高じた暴走ではないか」という批判も耳にしたが、賛同してくれる仲間を募ることに集中した。

「青年会議所と中津川北商工会の青年部に、人員を出して欲しいとお願いして廻りました。中津川を盛り上げたい思いが皆にあることはわかっていたし、地方の町おこし定番のＢ１グランプリやゆるキャラもいいけれど、それはよそでもやっている。野外ロックフェスもたくさんありますが、ソーラーエネルギーでのライブはこれが世界で初めて。だから『世界初のことを中津川でやるのは格好良くない？』と訴えました。『これは地球最初のチャレンジだから、歴史に残るよ』ってプレゼンして。そこに対して魅力を感じるか感じないかで判断してくれと訴えました」（三尾）

実行委員には20代前半から60代まで、約70人の市民が集まった。ステージの設営やアーティスト対応は松葉に一任し、実行委員会はフードコートや警備・交通関係の整備にあたった。

「中津川公園は高台にあって、すぐ近くには工業団地や民家も建っているので、音がどういう形で広がっていくのかが大きな課題でした。なにせ田舎で様々な雑音もなく、10キロ四方には響くだろうと。実際私の家も公園から直線距離で10キロ程度の場所にありますが、ライブ当日は音楽が聞こえてきました。でも騒音のクレームが来てしまったら、実行委員のモチベーションが下がってしまう。そこで事前に近隣の方に説明に回ってもらいましたし、会場にスムーズに来て頂くための準備にも時間をかけました」（青山市長）

有料のライブイベントのため、市はあくまでも会場を貸し、広報を手伝う後援の立場をとっていた。しかし市役所職員達も、ボランティアに参加してイベントを支えていた。そのうちの2人が市役所の企画部企画財務課の伊藤靖と、商工観光部観光課の石原美保子課長補佐だ。

「市では地域活性化の部分だけの支援で、職員は実行委員会には正式参加していません。施設を貸し出したり、経産省や岐阜県にあわせて市で後援をしたりといった形の支援をしました」

青山市長（左）と市職員。右端は取材する筆者

そう語るのは5年程前まで経産省に出向していた伊藤だ。一方の石原は観光PRや駐車場の手配などを担当した。

「以前中津川市で、市政40周年記念として、松山千春さんのコンサートをやったんですが、その時大変だったから今回も、『あれだけたくさんのミュージシャンを呼んで、本当にやりきれるの？』と不安視する声もありました。結果的にできちゃいましたけどね（笑）」（石原）

3人によると中津川は元々音楽がさかんで、人口約8万人の町ながらも数軒のライブハウスがある。そして市内の高校吹奏楽部OBによるジャズの定期演奏会も続いているうえに、フォークジャンボリーの歴史に誇りを持っている。ちなみに伊藤は現在もギターを弾くし、石原の息子のバンドの曲は、とあるスノーボーダーのテーマソングに使われたこともあるそうだ。

当初は三尾が中心となっていた実行委員会だったが、9月に入りライブが近づいて来ると、20代のボランティアが中心となり、資料作りやボランティアの新規募集などを自発的にこなすようになった。人が育っていく瞬間を目にすることができたのも喜びになったと、三尾はふり返った。

「一からのスタートでマニュアルもなかったので、最初のうちは『どう動いてよいかわからない』という意見もありました。でもボランティアを統率している20代のスタッフが『おもてなしの心をしっかり持ってやりましょう』と常に言っていて、それが自分達で考えることにつながっていきました。たとえばライブ当日、子供が急を要していたお客さんにトイレの場所を聞かれたスタッフが、遠くにあるものではなく目の前のスタッフ用を貸してあげたことで、その親子に『ありがとう』と言われる瞬間を目にしました。もしマニュアル通りの対応をしていたら、感謝の言葉は生まれなかったと思います」

●〝失敗〟を糧にした誓い

ライブ当日に向けて、三尾が決意していたことがあった。それは電池切れを起こさないこと。2013年8月16・17日に北海道で開催された野外ライブ・RISING SUN ROCK FESTIVAL 2013 in EZO（RSR）における〝失敗〟が、三尾を「無茶苦茶落ち込ませて」いたのだ。

RSRのステージのひとつ、ボヘミアンガーデンでは１２０枚のソーラーパネルと蓄電池で、PAや楽器システムを稼働させることになっていた。まさに出張THE SOLAR BUDOKANが繰り広げられていたわけだが、17日の深夜1時からのトリをつとめたシアターブルックのライブで、蓄電量が足りなくなってしまったのだ。

「モンゴル８００のキヨサクくんやサンボマスターの山口隆くんもゲスト参加して、大いに盛り上がっていたさなかに足りなくなってしまって。その日の日中が雨だったので、想定していた量の蓄電ができなかったんです。でも演奏している途中でバチっと電源が落ちたら、機材が故障してしまうかもしれない。ギリギリまで演奏してもらい、セットリスト3曲目でバイオディーゼル電源に付け替えました。お客さんにも『3分待って下さい』ってアナウンスして」（松葉）

付け替えは1分程度で終了したが、「ギリギリまでこのままいこう」「いや、シアターブルックの前に付け替えた方がいい」「演奏中に電源が落ちて何かあった場合、一体誰が責任を取るのか」など、舞台裏ではエンジニアチームとの侃侃諤諤《けんけんがくがく》のやり取りがされていた。シアターブルックのライブまでは電源が維持できたことがせめてもの救いだったが、三尾にとってはトラウマとなった。

「ソーラーでやりきることに達成感があるんだから、中津川では絶対失敗しないと誓ったんです。今回はセカンドステージとサードステージの蓄電池を担当させてもらったのですが、相当ネガティブな計算をして想定量の3倍以上の蓄電池を用意しました」（三尾）

でも結局は十分に余りましたと、笑いながら三尾は明かした。

たくさんの汗とため息と全力疾走を抱えて、２０１３年9月21日に中津川公園内の特設ステージで、中津川THE SOLAR BUDOKAN ２０１３が開催された。43年前のフォークジャンボリーに出演した小室等から、平成生まれの女性４人組バンドのFLiPまで、40組以上のアーティストが出演。翌22日までの２日間で約１万１０００人を動員した。ソーラーパネルによる発電量は１５６６Kwh、蓄電池の使用量は２３０Kwh。エネルギーシステムについては、同イベントのホームページ*で以下のように触れている。

野外フェスでこの規模の電力供給を再生可能エネルギーで行う事は初めての経験の為、また幾度にわたるテストの結果、電力設置方法の不備によるフェスの中断を一番恐れました。よって、使用電力の内容、時間、環境、不備の状況に対する対処方法など、再三に渡って議論を重ねました。

音源系、音響系の使用電力の詳細確認や省エネ機器の選択と共にステージ照明に関してもLED照明を多く利用することでステージ使用電力の省エネ化を図りました。

それでもRSRや小規模でのフィールドテストでの苦い経験が頭をよぎり、リスクヘッジを大前提として太陽光・蓄電池の設置のデザインを検討し実施しました。

特に音源系電源とパワーアンプとの系統分けについて安定化を図るため、メインステージのREVOLUTIONステージは、ステージ電源を太陽光＋蓄電池とし、PA電源をバイオデ

ィーゼル発電機から供給する併用デザインとしました

*http://solarbudokan.com/2014/guide/system.html
「中津川THE SOLAR BUDOKAN2013開催にあたって」より

◉野外ライブの成功と課題

2日間とも天候に恵まれたことで発電量が増え、リアルタイムで電力供給できたことから、蓄電池の消耗はほとんどなかった。予想以上に電力消費量が多かったのがフードコートで、これには「課題が残る」と発表している。理由は照明にはソーラー充電式LEDライトを使ったものの、保温や看板用ライトに多くの電力を使う機材が使われていたこと。そのため会場内の電源を一旦利用して、グリーン電力証書との差し替えをおこなう結果になったそうだ。

とはいえ大トリのシアターブルックや出演者達による『ありったけの愛』の大合唱までの間、ソーラーによるステージへの電力供給は安定していた。三尾もトラウマを克服して、たっぷりと感動のライブを味わったことだろう。

「自転車で会場を巡回していたので、MIYAVIさんの2曲と石橋凌さんと泉谷しげるさんが1曲ずつ、あとはシアターブルックしか見られませんでした……」（三尾）

「私も会場をかけずり廻っていたので、ステージはほとんど見られませんでした。でも泉谷さんは声が大きかったので、おのずと聞こえてきましたけど（笑）」（石原）

「中津川THE SOLAR BUDOKAN 2013のホームページに、会場の人達のスマイル画像が紹介されていたんですが、実行委員会メンバーのスマイルがほとんど見られなくて。それが逆に笑い話になりました……」（伊藤）

残念ながら実行委員会メンバーはいずれも、ライブを楽しみ尽くすことができなかったようだ。

だが彼らにとっての嬉しいことは他にあった。それは家族連れや、笑顔の人達の姿をよく目にしたこと。「ファミリーで参加できるロックフェスティバル」をコンセプトの一つに掲げ、フードコートメニューの放射線量表示をしたことや、ソーラー発電を手作りする親子ワークショップなど、ライブ以外の部分にも趣向をこらしたのが理由だろう。

「中津川駅までのシャトルバスに私も乗って帰宅したのですが、笑顔で『楽しかったね』と話している方が多くて。近くに座った方に『どこに帰るんですか?』と訊ねたら、『今晩は名古屋に戻って、明日もまた来ます』と言ってくれました。中津川市民はナカツが好きだから、ナカツに来てもらいたい気持ちは強いと思います。私も学生時代は東京にいましたが、卒業したら帰ろうと決めていて。以前は名古屋までの所要時間もかかったので、市内で文化が成り立っていました。オシャレなブティックも多くて、わざわざ名古屋に行かなくても必要なものが揃ったんです。でも観光で訪れてくださる方は、残念ながらそう多くなくて。だからナカツに来て楽しんでくれた方がたくさんいたのは、本当に嬉しいことでした」（石原）

◉「太陽のひと」の野望

音楽以外に関心が奪われ、ＣＤが売れないと嘆く時代に、あえて新しい野外フェスを生み出す。そのリスクを厭わない姿勢はすがすがしくも潔い。しかし昨年の日本武道館ライブとは違って、主催からＷＯＷＯＷがはずれ、今回は実行委員会にすべての責任がかかってしまう。金銭的な負担も含めて、不安はなかったのだろうか。

「野外フェスって新しいアーティストを発掘してファンになれる、絶好の機会だと思うんです。そのアーティストに興味がない恋人や家族を誘って見たらハマった、なんてケースはよくありますし、『まだ時間あるし、このアーティストは知らないけど見てみるか』ってお客さんもいると思います。まさにアーティストによる展示会なんです。臨場感や生の空気感が味わえるのはＣＤではなく圧倒的にライブ。好きなアーティストを生で見ればワクワクするし、ワクワクがなくなったら人生は味気ないものになってしまう。それに音楽が好きではなくても、キャンプサイトやワークショップで楽しめるかもしれない。収益に関しては正直、『やっちまったな……』って思うところはありましたが、それは会社の運営と同じこと。事業の黒字転換は数年かかりますし、今回は準備資金０で始めたから、想定の範囲内です。僕も商売人だから採算が取れなければ撤退しますが、このイベントはいずれ絶対に勝てると思っています。だって緑に囲まれた公園で太陽の力を存分に使って、ソーラー発電に賛成の声をあげながら音楽を楽しむのは、この上なく美しいことでしょ?」（三尾）

ライブ終了時に実行委員会はすでに、2014年にも同じ場所で開催することを当然と受けとめていた。島崎藤村記念館や栗きんとんなどの名物はあっても、若年層を惹きつけきれていなかった中津川《ナカツ》だが、THE SOLAR BUDOKANを軸に「音楽のまちなかつがわ」に育てていきたいと、市も目標に掲げている。

「今回出演していただいた全アーティストに、手形を押していただいたんです。歴代の出演者の手形をゆくゆくはプレートにして、駅前通りに埋めてハリウッドのウォーク・オブ・フェームみたいにできれば最高ですね」(三尾)

三尾にはもうひとつ夢がある。それはイギリスで行われている世界最大の野外フェス、グラストンベリー・フェスティバルに、THE SOLAR BUDOKANで培ったソーラー発電システムを持ち込むことだ。

「自分がタイジさんに出した手紙が地元での野外フェスに繋がっていったなんて、3・11以前にはとても考えられなかった。でもソーラーでのライブは肯定される要素しかないから、世界一のフェスでも受け入れられるはず。シアターブルックもそこでプレイしてくださいねって、タイジさんにも伝えました。言葉の違いやフェスへのアプローチ方法、機材の運搬方法や資金調達方法とか、わからないことだらけの壁だらけだけど、タイジさんも『イギリスにも人間が住んでいるのだし、同じ地球だから大丈夫だろう』って言ってくれたんです。タイジさんは本当に頼れるアニキ。彼への憧れも僕のモチベーションになっています。まさに『太陽のひと』だなって、僕も思います」

◉ 電気をつくるという楽しみ

もちろん実行委員会メンバーだけではなく、プロデューサーの松葉やマネージャーの山本も次年度以降も続けることを考えていた。

「もう少しコンパクトな規模でもいいかなとは思いますが、一番大事なのはライブを継続すること。明治維新だってそれこそ50年ぐらいかかっていいます。最終的に勝てばいいのだから、世間が原発推進に傾いても、ずっと続けていかないと意味がない。そしてタイジと僕には、THE SOLAR BUDOKANをもっと大きなムーブメントにしていきたい気持ちがあります。それこそ官邸前の反原発デモに集まった人数と同じ、20万人規模のライブを目標にしています。たくさんの人が集まって音楽の力で世界を変えていくのが、彼の夢なんです」（山本）

チケットを購入してライブを楽しむのはもちろんのこと、集まった人達の太陽光発電への参加性を強めていきたいと、一方の松葉は語る。

「たとえばソーラーバンドのようなグッズを作り、利益分を『ザ・ソーラーチルドレン』が幼稚園や小学校にソーラー発電を寄付する資金にできるような、参加者がソーラー発電の支援者になれる仕組みを作りたい。資金面だけではなく、アクションとしてTHE SOLAR BUDOKANの参加者が、ソーラー発電に関われる取り組みも作れたらと思っています。僕らがグリーン電力証書を購入しているおひさま発電所がある長野県飯田市は、町ぐるみで自然エネルギー対策に取り組んでいます。飯田のようにエネルギーを地産地消する人達が増えていけば、エネルギー業界や自治体も中央集権的なしがらみから、自立できるのではないかと思います」

家庭用のソーラー発電は2012年に固定価格買い取り制度が導入され、2012年は200万kw、2013年はその倍以上の500万kwの新規導入があった。日本は年間新規設置容量は世界2位となったが、なぜかあまり話題にならない。飯田のような地方都市にある一戸建てならまだしも、都心のマンション住まいの人などは「導入したくても1人の意見ではどうにもならないし、方法もわからない」と、諦めている人も多い印象がある。

でも「それは社会的な雰囲気の問題であり、客観的な事実ではない。既にソーラー発電事業は動き出しているし、THE SOLAR BUDOKANも十分な役割を果たしている」と、経産省の村上課長は喝破する。

「食べることに関心がない人は、食べ物を作ることには関心を持たないもの。エネルギーも同じで、楽しく作って使うことを経験していない人は、エネルギーに関心を持つことができないと思う。現状でエネルギー問題に関心を持っている人はおそらく、世の中のほんの一部しかいません。その人達が原発の是非ばかりを話題にしているのを見て、やや違和感を覚える方もいるのではないでしょうか。しかしいざ、エネルギー問題に広く関心を持とうとしてもどこにアクセスしていいのかわからない。だからソーラー発電が持つ可能性についてよりも、『原発が悪い！　政府が悪い！』みたいな否定の議論ばかりが盛り上がるのは、ある意味仕方ない。でもそれは正しいエネルギーへの取り組み方とは言えません。だからまずは、エネルギーの使い方と作り方に関心を持ってもらうこと。そのために楽しい取り組み方を広く紹介することがとても大切だと思っています。実際、ソーラーパネルの自作とか本当に楽しいですよ。僕がこうして難しく説明するよりもはるかに有益だし(笑)。それにベランダ発電システムにチャレンジしてみて、はじめて再生可能エネルギーや電気の難しさにも気づくかもしれないし。でもやってみないと難しいことすら気付けないし、その経験を得ないままでエネルギーについて論議していても、いつまでたっても責任ある議論には進めませんよ。だから僕は皆さんに『正しいことを論文で主張するよりも、まずは電気を自分で作ってみることが有益ですよ。そうすれば、再生エネルギーの良いところも難しいところもよく分かる。そして、原発を含めてエネルギー問題をどうするかについても、自分なりの答えも出せるようになると思う』と、大きな声で主張したいですね」

●NOよりYESに向かって進む

ただしエネルギーをシフトするには、そのための資金がかかる。今は全エネルギーのうち約10%しかない再生可能エネルギーの割合を30%にアップするには、システムの切り替えや天候に左右されるリスクをカバーするための維持コストは不可欠。コストアップに対して首をタテに振れるかも、同時につきつけられているのだ。

「だからTHE SOLAR BUDOKANみたいな楽しい共通体験って不可欠じゃないのかな。

高価なギターやアンプが売れるのには、ちゃんと理由がありますよね。エネルギーも同じだと思います。僕が子供の頃はコークス当番があって、教室にストーブ用の石炭を運んでいました。それがいつの間にかスイッチひとつで部屋が暖まるようになり、エネルギーは生活から見えない、スイッチの壁の向こう側に行ってしまった。電力会社が、『生活におけるエネルギーの心配をなくし、より便利にしたい』という思いで必死に取り組んだ結果だと思いますが、でもその結果、暮らしの中から手触り感のあるエネルギーがなくなってしまった。3・11を経験した今、日本のエネルギー政策はまさにリスタートの地点にいる。触れて味わって立ち上がるきっかけ作りのひとつとして、THE SOLAR BUDOKANは正しいと思います」(村上)

原発にNOをつきつけるだけではなく、別のYESに向かって一緒に進んでいく。それがこのライブに関わったアーティストの、スタッフの、サポートする事業者の共通認識なのかもしれない。

ソーラー発電によるライブの立ち上げ以来、タイジに向かって「政治家になって世の中を変えたら？」と持ちかける人が何人もいたそうだ。しかし彼はあくまでアーティストだし、THE SOLAR BUDOKANはそのコンセプトと同じぐらい、素晴らしい音や生身のパフォーマンスにも注目して欲しくておこなっている。松葉もラジオ番組やライブイベントのオーガナイザーであることに、これからも変わりはない。

「自分の業務の延長としてソーラー発電に関わる人達との出会いを開拓して、異業種を繋ぐコーディネーターをする役割を与えられたのかもしれません」

そう言いながら松葉は息を吐き、肩の力を抜いた。

「正直言うと3・11が来るまでは原発のことも忘れていたし、自分も『日本は大丈夫』と、どこかで思っていました。でもこの先は誰かがなんとかしてくれることはなさそうだし、日本の未来もバラ色ではなさそうだし……。だったら自分達で希望の種を蒔いていくしかないんですよね。最近では『TRICERATOPSが好きだからTHE SOLAR BUDOKANに行く』って言ってくれるようなお客さんも増えていて。アーティスト同士、事業者同士が繋がっていくことで奇跡的なうねりが生まれつつある、そんな幸せな場所に立ち会えている気がしています」

◉都内でもTHE SOLAR BUDOKAN

と、ここまで紹介してみたが、実はTHE SOLAR BUDOKANは中津川で年に1回だけ行われているイベントではない。2014年2月から渋谷のライブハウス・クラブクアトロでも、THE SOLAR BUDOKAN 2014 IN SHIBUYAと銘打ったライブが開催されているのだ。シアターブルックをホストに2月にはTRICERATOPS、3月は堂珍嘉邦とFLiP、そして5月にはFLYING KIDSが出演。7月には名古屋のクラブクアトロでも、シアターブルックとRIZEによるTHE SOLAR BUDOKAN 2014 IN NAGOYAが行われた。

5月のライブを見たい。ある日松葉に連絡すると、当日の15時に会場へ来て欲しいと返信があった。

往時はＤＣブランドのショップが並んでいたのに、今はブックオフになってしまったフロアを過ぎて、ホールがある5階へ向かう。

「階段が狭いから気をつけてくださいね」

さらにその上、屋上へと手招きされる。幅が狭く、急な階段は、身体を横にしないとうまく昇れない。やっとの思いで屋上ドアを開けると、目に入ったのは青空と、分度器のようなスタンドにおさえられて斜めに傾けられていたソーラーパネル。はしご伝いにダクト上まで進むと、こちらには平たく一面に並べられていた。１枚あたり重さ10キロ以上あるパネル13枚を、朝からスタッフ総出で運んだのだと教えてくれた。屋上までの階段はまだしも、壁に垂直に張り付いたはしごを、ソーラーパ

渋谷のクラブクアトロ屋上に設置されたソーラーパネル

ネルを携えて昇るのは至難のワザだったことだろう。渋谷の町並みを見おろしながら、自分が高所恐怖症ではなかったことを、少しだけ幸運に感じた。

　ライブ当日の早朝にパネルを設置して、発電した電力をRA《ラー》の変換器からケーブルでライブ会場にある4台の蓄電池に運ぶシステムになっていると、松葉が教えてくれた。そして屋上階段とライブ会場を隔てる壁には、ネコの玄関のような穴が空いていた。そこにケーブルを通して、屋上から電気を引っぱって蓄電するのだ。

「電圧がストレートになるから、アンプの性能がフルに発揮できるんだよね。エレキの力を最大限に引き出してくれる気がするし、蓄電池からの直接電源って、クリアでピュアなエネルギーなんじゃないかな。多分今日のライブはいつものアンプの音が、違った感じに聞こえると思う」

　そう語ったのは、リハーサルを終えたばかりのFLYING KIDSのボーカル・浜崎貴司だった。浜崎は2012年からTHE SOLAR BUDOKANにソロアーティストとして出演し、2014年はFLYING KIDSとして参加が決定していた。

「頼れるアニキみたいな存在」の浜崎と、タイジの出会いは1990年代の初め。当時アルバイトしていた池袋のCDショップに、客として浜崎がやってきた。すでにFLYING KIDSでメジャーデビューしていた浜崎にタイジが「ライブに来て下さい」と声をかけて、チケットを渡したことがきっかけになったそうだ。

「でっかいアフロヘアでインパクトがあって（笑）。ライブには結局行けなかったんだけど、2年ぐらい経ってから再会して『あ、あの人だ！』って。気付いたらいつの間にか仲良くなっていて、2008年には僕のイベントにも来てくれたんです」

浜崎から見た佐藤タイジは？　そう質問すると

「カッコイイギターを弾く人。まっすぐで走り出したら止まらないけれど、とても思慮深くて嘘がない。でも単純明快だから、一緒にいて居心地がいい。普段は下ネタや女の子の話で盛り上がれる、大事な友達」

という答えが返ってきた。

◉広がる「奇跡的なうねり」

浜崎の2011年3月11日は、自宅で作曲をしていた時に起こった。「鉄筋造りの家だったのに、なぜか柱を一生懸命おさえてしまっていて……」

と、少し照れたような顔で明かした。

「その後の報道を見て、なんでこんなことになってしまったのだろうと……。何とかならないものかと思っていた時に、タイジを含めてアーティスト仲間と飲んでいたら、このイベントの話になったんです」

かつて父親から「色々な考え方の人がいるのだから、ミュージシャンはあまり自分から攻めの姿勢を取らない方がよい」と言われた経験を持つ浜崎は、歌に政治的なメッセージを込めると、とたんに音楽が持つ自由さがなくなってしまうのではないかという危惧を抱いていた。しかしタイジが目指しているのは、ポジティブにソーラー発電を応援していくライブ。危惧とは違う方向を向いていた。

「何よりタイジくんが好きだし、ソーラー蓄電池が持つ可能性を実際に演奏して感じられたから、彼のことを応援したくて。今日もメンバーと屋上のソーラーパネルを見に行って『感動した!』って盛り上がりました。お客さんにも今日のライブで、音の良さを実感してもらえたらって思います」

19時を少しまわったところで、FLYING KIDSのメンバー一同が感動を覚えたシステムが起動され、ライブがスタートした。1998年に解散し、2007年に再結成したFLYING KIDSと浜崎にとっては「20年ぶりのクアトロ」らしく、『我想うゆえに我あり』や『風の吹き抜ける場所へ』などの代表曲が次々に披露されていく。締めくくりには、メジャーデビュー曲の『幸せであるように』が演奏された。

1990年に世に送り出されたこの曲は、おそらく多くの人が耳にしていることだろう。私も、彼らがデビューの権利を勝ち取るために出場していたオーディション番組を見て以来、何度も聴く機会があった。ただ、相手の幸せを祈りながら別れる歌を、別れらしい別れを知らなかった頃の私は「いい歌だなあ」と、さらっと受けとめていた。しかし大事な人との別れを何度も味わった今、とにかくじんわりと染みた。それはおそらく、FLYING KIDSの表現力によるところが大きい。しかしアンプから伝わる「太陽の音」も、じんわりに一役買ったはずだと確信している。

約1時間のライブが終わり、謎の女性DJ（正体はLeyona！）が30分ほどハードロックのナンバーを流したのちに、シアターブルックが登場。新曲の『もう一度世界を変えるのさ』や、TVアニメのオープニングに使われた『裏切りの夕焼け』などでフロアの温度を存分にあげたのち、『ありったけの愛』を客席と大合唱。コーラス部分のモチーフになっている『Lovin, You』を歌ったミニー・リパートンがそこにいたら、きっと「Great！」といってくれるに違いない熱さのなかで、ライブは終了した。

今日のライブでは160W×13枚のソーラーパネルで2Kwh分を発電し、1台7・5Kwhのバッテリーと3Kwh×3台のユニットによる、RAの音響電源システムが使われたことがアナウンスされた。

「シアターブルックって、今日みたいにずっとソーラーでライブやってるんだって」

出口に向かう途中、隣を歩いていたカップルの男性が女性に耳打ちしていた。おそらく初めてのソーラーライブ体験なのだろう。まだ興奮さめやらぬといった表情をしていた。この2人はきっとまた、THE SOLAR BUDOKANに足を運ぶに違いない。松葉が喜びに感じている「奇跡的なうねり」が、私の目の前でも生まれそうになっていた。

「9月、楽しみだな」

誰に聞かせるでもなく私はつぶやいた。2014年のライブは9月27日と28日の2日間、昨年と同じ中津川公園の特設ステージで開催されることになっていた。

NOではなくCHANGEを だから『電気を作ろう！』を 世界中の人と歌いたい

加藤ひさし インタビュー

SUGIZOと佐藤タイジが月と太陽なら、THE COLLECTORSの加藤ひさしとタイジは、まさに輝き方の違う太陽同士。それぞれの表現で再生可能エネルギーの魅力を、歌に込めて伝え続けている。しかし加藤は20年も前からタイジを知りながらも、「ルックスがまったく違うし、近づく理由がなかった（笑）」と、積極的に接点を持とうとはしてこなかった。

東日本大震災を経て、タイジが武道館でソーラーエネルギーによるライブをやりたいと言い始めたのを耳にして、「俺もやりたかった！」と思い、以来連絡を密に取るようになった。今では加藤にとってのタイジは「カワイイ奴」。どこか兄弟のような、遠慮なく本音を言える関係となっている。

コレクターズのドラムの阿部君がタイジとセッションで知り合って、『加藤くんもCHANGE ENERGYってユニットをやってるよ』と話したら、『今度THE SOLAR BUDOKANってライブをやるので、出演してもらえますか』と言われて。もちろん！　と思ってタイジと何回か話したんだけど、やりたいって人が増えてきて、『ごめん！　加藤くん、人が増えちゃったから今回はナシ』ってなったの（笑）。

1960年生まれの加藤が10代だった頃は、まさに東西冷戦のまっただ中。共産主義国の旧ソビエト連邦は日本にとっての脅威のシンボルであり、秘密主義の悪い国家、という印象で語られることが多かった。だから加藤は1986年のチェルノブイリ事故を、原子力について高度な技術が確立していない国で起きた、いわば当たり前のような事故ととらえたそうだ。

当時は日本車も日本製品も世界一の技術力を誇っていたから、日本だったらありえないと、どこか他人事としておごった気持ちで見てました。チェルノブイリ事故は特殊なケースで、日本では起こらないだろうと。でもそれ以上に悪いことが、3・11に起きてしまった。

僕は工業大学に進んだ理系男子で、科学万能主義だった。幼稚園のときに見たウルトラマンが最初のヒーローで、アポロ11号が月に行った時のテレビ放送も見ていました。だから科学こそ神で、科学ならなんでも解決できると思っていた。原子力についても小さなウランひとつで、たくさんの石炭を燃やさなくて済むなら、火力よりもそっちのほうがいいんじゃないかって思ってたし、核廃棄物についても、きれいに処理できる技術が開発できるだろうと楽観していた。

でも原発事故のあと、原発がどうエネルギーを取り出していたのかを知ったときに、自分の勉強不足を深く反省しました。というのは僕はウランを爆発させて、そのエネルギーで内燃機関のように直接、発電タービンを動かしていると思っていたんだけど、ウランでお湯を沸かして、蒸気の圧力でタービンを回してるというのを知った時に『なにやってんだ？　まったく科学的ではないな』って呆れて。なんでこんなことをしているのかを自分なりに調べてみたら、『なるほど、プルトニウムで核爆弾ができるのか。だからプルトニウムを取り出しているんだな。核爆弾を作るための第一歩が原発だったのか』とわかったんです。

そこから世の中のシステムや、お金がどう生み出されていくかなどについても、考えるようになりました。

日本銀行を中心とした金融システムやアメリカの新自由主義についても勉強し、やがてNOではなくCHANGEの気持ちを掲げることが大切だと思い出した。それが「CHANGE ENERGY」の活動へとつながる。

一番大事なのはみんなが現実をなるべく正確に知ること、それしかない。そのための入口として音楽があると思っている。今までいろんな国を旅してきたけれど、平凡に自分の家庭を守って楽しく生きたいと願っている人は世界中にたくさんいた。それこそアメリカでも韓国でも中国でも『○○人だから』なんて考えたことはないし、台湾にも仲の良いバンドがいます。そんな世界中にいる仲間と思いを共有すれば、きっと世の中は動くと思うんです。なぜなら支配者層よりも、我々のような市民の方が圧倒的に数が多いから。

そもそもこの時代に火炎瓶を投げたって、相手の方がすごい武器を持っているんだから、あっという間に制圧されますよ。だったら、知識で武装しなきゃ。それに支配者層は儲かることにしか興味がないので、原発が儲からないとわかったらすぐにやめますよ。その代わり絶対、『太陽は俺のものだ』『海は俺のものだ』って言い始めるはず。

でもそうだとしても、福島の悲劇を目の当たりにして、自分でもガイガーカウンターを買う時代が来るなんて夢にも思わなかったから、だったら風や太陽に税金をかけられた方が全然マシ（笑）。自然エネルギーで病気になる人も、故郷を追われる人もいないはずだから。

プロローグでふれた『電気を作ろう！』は、まさしく加藤が率いるTHE COLLECTORSによるもので、2013年に発表したアルバム『99匹目のサル』に収録されている。ストレートでシンプル、そしてダイレクトなメッセージが溢れるこの曲を、志を同じくする世界中の人達と歌い、それをつなげたPVを作りたいと考えている。なぜなら再生可能エネルギーの魅力を伝えるためには、わかりやすさとカジュアルさが必要不可欠と考えているからだ。

エンタテインメントとして、すべての人を惹きつけるような行動をしないと、誰も聞いてくれないから。それが今一番やらなきゃならないことだと思います。真面目な話だけなら誰でもできます。でも厚い北極の氷を割って少しずつ進んでいくような、閉ざされた人の心に隙間を作ってそこから話を伝えていくようなことをしないと。ただ反対をするだけでも、正しいことをいうだけでも、大事なことは聴いてもらえないから。

加藤が呼びかけたことで、ファンの中には原発反対デモに参加した人もいるという。個人の力は小さいながらも、ゆくゆくはそれが大きなうねりとなり、世の中を動かす力になっていくと彼は信じている。

デモが無意味だという人もいますが、ぼくはデモが一番意味のあることだと思っています。ただ、参加者の数が必要なんです。100万人が官邸前に押し寄せたらニュースで取り上げざるを得ない。抗議に集まることはすごく大事だし、支配者にとってはそれが何よりも脅威になる。だから集まらなきゃいけないし、継続もしなきゃいけない。
少なくとも現時点でまだ原発が再稼働していないのは、抗議の成果もあると思います。デモは唯一NOを大きな声で言える、有意義な場だと思っています。

2014年中津川でのTHE SOLAR BUDOKANには、この年の7月に発表したニューアルバム『鳴り止まないラブソング』をひっさげて、THE COLLECTORSとして参加。青空の下で持ち歌をうたいきった。

僕は『コレクターズって、いいね』って言ってもらいたいからマニアックにはなりたくない。そもそも今まで僕が言ってきた事は、大人として知っておくべきことだと思ってるし。
僕は昔から好き勝手なことを言ってきて、ギターのコータロー君とかがいつも尻ぬぐいをしてくれてるんです（笑）。でも僕もコータロー君もミュージシャンである前に大人で人間で、そして親なんですよ。子供達は親が死んだあとも生きるし、結婚したり子供が生まれたりもする。そういうのを想像すれば、自分達の世代で明るい未来への種を蒔いておかないとまずいって気持ちがわかりますよね。

ロックを始めた時からずっと、ザ・フーの『マイ・ジェネレーション』がテーマソングだったという加藤。ロジャー・ダルトリーと同じく、『老いぼれる前に死にたいぜ／俺達より上の世代は消えちまえ』と思うのか。

古い世代の連中が何をしたとしても、自分達の世代から変えることはできる。でもそうなると、また新しい違う問題が出てくるかもしれない。エネルギーが石油や原子力からソーラーになったら、原油や原発輸出でメシを食っていた国の情勢が不安定になるかもしれない。だからすべての問題が解決することはないかもしれないけれど、少なくとも今、皆が苦しんでいる問題の突破口を僕らの世代から作りたいと思っています。

加藤ひさし　1960年生まれ。1986年のTHE COLLECTORS結成後、30年近くにわたってボーカルとして活躍。矢沢永吉に数多くの歌詞を提供するなど、作詞・作曲家としても知られる。

第3章

NO SUN, NO LIFE

ソーラー・コミュニティは始まっている

◉ソーラーを始めた町

ここまで、THE SOLAR BUDOKANの成り立ちを追ってきた。この章では、ちょっと寄り道をして、ソーラー発電をすでに「始めている」エリアをリポートしたい。

そもそもソーラー発電の第一歩は1839年、フランスの物理学者アレクサンドル・エドモン・ベクレルが金属板に光を当てることで電気が発生する現象（ベクレル効果）を発見したことだと言われている。アメリカのベル研究所の研究者が、トランジスタの研究過程においてシリコン太陽電池を発明したのは、それから100年以上経った1954年のこと。翌55年には日本電気（現在のNEC）が、日本初のシリコン太陽電池を発表した。以来実用化に向けての実験が重ねられ、1958年にはアメリカが人工衛星のヴァンガード1号に太陽電池を搭載。これが打ち上げから6年間も電力を発電するという成果をいきなりあげたことで、太陽電池にがぜん注目が集まるようになった。

日本では1973年に起きた第一次石油危機（オイルショック）がきっかけで、石油などの化石燃料ではなく、再生が可能なソーラーエネルギーを活用するための「サンシャイン計画」がスタートし、ソーラーシステムを普及すべく官民あげての研究や普及への推進が進められてきた*――が、1990年代前半までは、日本の一般家庭におけるソーラーシステムといえば「お風呂のお湯とかを沸かせるやつ」程度の認識しかなく、しかも「天気が悪いと沸かせない」「思ったほど電気代が安くならない」「機械の値段が高い」「販売方法が強引」などのネガティブなイメージも強く、どちらかというとあまり高い評価を受けることがなかった。

＊ＸＳＯＬ・太陽光発電の歴史　http://www.xsol.co.jp/xpress/history/

しかしドイツでは１９９１年にはすでに再生可能エネルギーによる電力の買い取りが電力会社に義務づけられたり、中国でも建物におけるソーラー発電に対する補助金制度が導入されたりと、日本以外の国では市場が拡大。普及率で水をあけられてしまったなか、２０１１年３月11日をきっかけに、再生可能エネルギーの可能性に目を向ける人が増えるように。日本でも２０１２年７月にソーラー発電の固定価格買い取り制度が始まったことで、２０１３年には新規導入量が中国に次いで世界第２位となった。しかしソーラー業者の間では、２０１５年にはブームが終わると言われている。その理由は電力買い取り価格の引き下げと、購入のための補助金制度が廃止されるということ。ソーラーは発電した電力を、電力会社に買い取ってもらえる制度があるが、４Ｋｗの住宅用ソーラーシステムの買い取り価格は２０１０年度は48円／ｋｗｈだったものが２０１５年度になると33～35円／ｋｗｈと、４年で10円以上も単価が引き下げられてしまった。また容量１ｋｗあたりの補助金も、２０１０年度は７万円だったものは２０１３年度には１・５万円～２万円となり、２０１４年度には廃止されてしまった。

「もうソーラーを導入してもメリットがなさそうだし、ブームも終わりかも……。そもそもうち賃貸マンションだから、自分の都合ではつけられないし」と感じた人も確かにいるかもしれない。しかしそんな「おカネの話」とは違った次元で、再生可能エネルギーへの取り組みを続ける自治体がある。

そのうちの2つが、THE SOLAR BUDOKANへのグリーン電力証書導入への決断をうながした「おひさま進歩エネルギー」がある長野県飯田市と、LIVE FOR NIPPONにもゲスト出演した保坂展人区長が率いる、東京都世田谷区だ。生活の傍らにソーラーエネルギーがあって、いずれも佐藤タイジとつながる人物がキーパーソンを果たしている町って、一体どんなところなのだろう?

まずは、信州の山あいにある飯田市と世田谷区を訪ねて、話を聞いた。

◉「ザ・高原」の飯田市

新宿から高速バスで約4時間。長野県飯田市にはJR飯田線が走っているものの、約200キロの路線に94もの駅があり、起点の豊橋からも終点の辰野からもとても遠い。だから都内から向かう人のほとんどが車かバスを利用する。しかも2014年5月の取材当日は中央道が集中工事をしていたため、朝7時発のバスが飯田駅に着いたのは正午過ぎと、実に5時間も高速バスに乗るハメに。でもバスを降りた瞬間、ずっと座っていた疲れは一気に吹き飛んだ。

「空、高っ!」

澄み切った青空と、遠くに見える残雪の山並み。「ザ・高原」とでも言いたくなる景色が、目の前にあったのだ。リゾートとして訪ねたらさぞ楽しいだろうな。そう思いながら飯田駅から、馬場町3丁目にある旧飯田測候所を目指した。1949年に国の登録有形文化財になったこの建物のなかに、NPO南信州おひさま進歩とその関連会社が入居しているのだ。

飯田駅からタクシーで約5分。坂の上に建つ旧飯田測候所は、屋根に小さな塔屋がある白壁のかわいらしい建物。大正時代に竣工し、1947年に起きた飯田の大火でも燃えることなく無傷で残った、長野県内に唯一現存する大正時代の測候所庁舎だ。靴を脱いで中に入ってみると、まず目についたのが壁に貼られた「ナマヅノ正体」。測候所時代に地震解説のために飾られていた絵なのだそうだ。

「今も都内の緊急交通路標識には、表情も姿も良く似たなまずの絵があるなあ……」

そんなことを考えながらかつて使われていた観測機器の展示を眺めていると、NPO南信州おひさま進歩の小室勇樹がやってきた。

「ここには2014年に引っ越したばかりなんですよ。施設の管理者も、うちがつとめています」

おひさま進歩にはNPO法人と株式会社があり、NPO部門は環境の保全やまちづくり、社会教育などを推進していくのが目的で、2004年に設立された。その年の2月に地元の明星保育園に市民発電「おひさま発電所　第1号」を作り、以来バイオディーゼル燃料（BDF）の実証研究や環境学習講座などを、市民向けに続けている。一方の株式会社では、一般家庭に初期費用0円でソーラーパネルを設置する「おひさま0円システム」や、事業所などの屋根を借りて分散型メガソーラーを作る「おひさま発電所プロジェクト」などをおこなっている。このおひさま発電所の電力は「えねぱそ」という個人向けグリーン電力証書になっていて、THE SOLAR BUDOKANはこれを購入したのだ。

◉環境文化都市を目指して

さらに発電所プロジェクトや0円システムを支えるべく、「おひさまエネルギーファンド」を作り出資金を募る、「おひさまエネルギーファンド株式会社」も展開している

NPOの呼びかけ人で2社の代表を務めるのが、ふんわりした体型にビアデッド・コリーのような優しい表情の、原亮弘社長だ。

「タイジさん達は最初、THE SOLAR BUDOKANのライブにここで発電した電気を使いたいという話を持ちかけてきたんです。だから『直接電力を使うのではなく、グリーン電力証書という方法がありますよ』と言いました。架空のものではなく、ちゃんと発電した環境価値の高い電力を証書化していますとお伝えするなかで、色々なお話をして。とっても親しみやすいのに芯があって、しっかりした考えをお持ちの方だなと感じて、協力したいと思ったんです」

そう語る原社長は1949年に、長野県下伊那郡鼎村（今の飯田市）に生まれた飯田っ子。18歳で高校を卒業してすぐに上京して就職し、33歳まで東京に住んでいた。

「あの頃は『こんなとこ住んでられるか！』と思って町を飛び出したんですけど、結婚して子供ができたら、もう東京はいいかなって思うようになって。母親の体調不良もあったので、飯田に転勤希望を出して戻ってきました」

地球温暖化などの環境問題に興味があったけれど、一番影響を与えたのは、名古屋大学で教鞭をと

っていた科学者の兄だった。

「13年前に亡くなった兄は、燃焼成生物研究をしていて、今から20年近く前に『人間が欲望のままの生活をしていたらとんでもないことになってしまう。ＣＯ２が増えすぎて、地球がたちゆかなくなる』と言ったんです。そんなことがあるの？　って衝撃を受けて、公民館で学習会を開いたり、兄貴に講演をしてもらったりするなかで、『このままではいかん』と、環境に関心を持つようになりました」

原が会社勤めをしながら飯田市内の公民館の文化委員長や、青少年の健全育成活動に関わっていた１９９６年、飯田市は21世紀に向けての基本計画を策定。そのなかで環境文化都市を目指す都市像を描いた「21いいだ環境プラン」を打ち出した。ＣＯ２排出抑制の手段として、木質ペレット利用を促すための調査や太陽光発電・太陽熱発電の普及のための補助金制度などがスタートする。そんな飯田の空気に触発されて、持続可能な地域作りに貢献すべく、２００４年２月にＮＰＯ法人南信州おひさま進歩を仲間と立ち上げた。このＮＰＯが母体となり、ＮＰＯ法人環境エネルギー政策研究所などの協力によって同年の12月に生まれたのが、おひさま進歩エネルギー有限会社（当時）だった。つまり飯田市が環境文化都市を目指したことから、ＮＰＯも会社も生まれたのだ。

●３００以上のプチソーラー

ＮＰＯが最初に取り組んだことのひとつが、おひさま市民共同発電所を作ることだった。２００３年、飯田市内の保育園の屋根に「設置費用はかからないので、ソーラー発電を取り付けさせて欲しい」と依頼し、それが発電容量3ｋｗの「おひさま発電所第1号」となった。その後も保育園や児童館など公的施設38カ所に「プチソーラー」を取り付け、初年度だけで38カ所、２０８ｋｗの電力を太陽の力で生み出している。民間業者による市の行政財産の屋根を借りての発電事業は、全国でも珍しいという。

「この事業がスタートしたときに、飯田市は行政財産なのに、屋根の20年間賃借契約を認めてくれたんです。これって行政にとっては大変なエネルギー要ることで、1年ごとに契約を更新して5年なり10年なり使うのがよくあるやり方。でもファンド事業は10年から20年までの長期に渡って出資者と契約する事業ですから、こちらとしてはちゃんと借り続けることで事業の安定性と出資者のリスク回避ができるから、20年間一括で借りたい。ただそのためには法律の見直しや、決まり事の改定が不可欠です。飯田市はそれを実践したのです。『前例がないから』と言ってＮＯを出さないのが、一番すごいところ。だからこれまでに発電所を、飯田市を中心に３００カ所以上も設置できたんです」

飯田市のプチソーラーのひとつ。全体で4・4メガｋｗを発電する

２０１３年10月から売り出されていたファンドの募集は２０１４年2月末で終了したが、過去に販売した8つのファンドの出資者は２５００名以上にのぼる。注目されるようになったのは、やはり3・11以降なのだそうだ。

「地球温暖化対策から始まった事業なので、震災前までは『原子力は地球温暖化防止効果もある』という言葉を耳にして『やむを得ないものなのかな』と、私も思っていました。しかし震災後は、化石燃料からの転換だけではなくエネルギー全般を考えなくてはいけないんだと思うようになりました。同時に、自分達の手でエネルギー転換をしたいと思っていらっしゃる方が多く、出資者の出資金額も年を追うごとに増えてきています」

飯田市の日照時間は年間平均約２０００時間で、市内の低い場所でも海抜が４００ｍ以上あることから、紫外線照射量は比較的多いと言われている。高層ビルがないので、たっぷりの日差しが浴びられるソーラー向けの町だ。おひさま0円システムで導入したソーラーの電力を中部電力に売ることができると市役所がアナウンスしていることもあり、関心を持つ市民は多い。とはいえ同市はソーラーだけではなく、小水力発電やバイオマス資源の活用などにも積極的に取り組んでいるのだそうだ。

「飯田市の計画は、再生可能エネルギーはある特定の企業や人物が独占するものではなく、町のみんなのものですということを訴えるために作られたものだと、私は思っています。

一部では太陽光バブルと言われているように、自然エネルギーにも利権が生まれる可能性がありますそれを防いで地域のものにするための条例を作ったのは、本当に大きいことです。3・11以降は他の自治体からの視察も増えましたが、こういう事業は市民と行政と対立したり、逆に依存したらダメ。だから『誰かがお金を出してくれればやる』ではうまくいかないよと伝えています」

●プチソーラーから中部電力へ売電

プチソーラーを実際に見たいと小室にお願いすると、徒歩で行ける商工会館にあると教えてくれた。ということで2人で一緒に、商工会館を目指しながら飯田の町を歩いた。おひさまグループのマスコットキャラ「さんぽちゃん」のなかのひとでもある小室は、島根県は隠岐島出身。昨年まで隠岐の町役場で働いていたと語ったが、離島生活と海のない高原の町での暮らしでは、かなりのギャップがあるのでは?

「朝晩の気温差には本当に驚きますね……。でも景色のきれいな町なので、飯田も気に入ってます」

そんなことを話しながら、町の中心部にあるピカピカの4階建てビルに到着した。2014年2月に竣工したこのビルには、民間の生命保険会社や商工会議所、コミュニティFMが入居している。建物自体も外断熱になっていたり、日よけ用の横付けルーバーが外壁にあったりと、環境対策としてできることはなんでもやっているのだそうだ。

体育教師のような明るいテンションで迎えてくれた商工会議所の村松憲課長に案内されながら、建物5階の屋上を目指すと、78枚ものパネルがズラリと並んでいた。おそるおそる触ってみると……そんなに熱くない!?

「そうなんですよ〜。これ、実は熱くないんですよ！」

村松課長はワハハと笑いながら、このパネル全部で18ｋｗｈの電気が発電できること、それを中部電力に売電していること、おひさま進歩エネルギーは商工会議所に賃料を支払って借りているが、「ソーラーへの啓蒙活動の意味があるので、賃料はほんのわずか」だと語った。

「あっちの方、見てみてください」

松村課長が指す方向に目をやると、民家の屋根にソーラーが取り付けられているのがいくつも見えた。飯田市ではそう珍しい風景ではなく、市内には1メガワットのソーラー発電所もあるそうだ。じ、実物を見たい！

●ハード＆ソフトの地産地消

2人に別れを告げて市役所を目指すと、市民協働環境部・環境モデル都市推進課の山崎学主事と古本竜一主事が、対応にあたってくれた。

「時間があまりないので移動しながら説明しますね。ここからメガソーラーまで、往復1時間ぐらいかかりますので」

すばやく立ち上がり、駐車場に向かう2人の後を追う。停めてあったのは三菱のＥＶ自動車・ｉ－ＭｉＥＶ。２０１０年に市が環境モデル都市行動計画にある、低炭素な移動手段への取り組みへのＰＲ活動のために2台リース導入して、1台は公用車として、もう1台は飯田市に32カ所ある、環境ＩＳＯ研究会の事業者に貸し出しているのだそうだ。

ほとんど音もなく走る車内で、飯田市についての話をうかがった。中央アルプスと南アルプスの峰々に囲まれ、そして天竜川が流れる飯田は、鎌倉期の文献には共同作業で農業をする「結い田」と記されているほど、協働性を大事にする土地だった。その精神が今も残っているのか、公民館活動がさかんで、公民館主催の運動会などのイベントでは大いに盛り上がるそうだ。

「飯田には公害に苦しんだなどの負の歴史はありませんが、１９４７年の大火で城下町の市街地の７割が消失しています。そこから立ち上がり、環境と協働の精神である『結い』をキーワードにしたまちづくりが市民の手で進められてきました。市の職員も多くが公民館に出向していて、私も公民館の主事をつとめたことがあります」（山崎主事）

そういえば原社長も休みの日は、「公民館の活動をしています。来週は田植えの予定です。環境問題は農業や水と関係が深いので、田植えを一緒にやりながら食や農を学ぶ勉強会もしています。終わったら酒飲んでますけど（笑）」と語っていたっけ……。一方の古本主事は、人事交流で長崎市役所から２０１５年３月までの１年間、派遣されてきている。小室さんもそうだったけれど、海の町の男性は、ザ・高原に憧れるものなのだろうか？

そして飯田市では２００９年に「環境モデル都市」に選ばれたことから、１９９６年の「21いいだ環境プラン」以来進めている低炭素化社会を目指すための取り組みに、一層の力を入れることになったそうだ。

「たとえば自転車通学・通勤で健康作りをするプロジェクトを立ち上げたり、観光客のためのレンタサイクル事業を市で始めました。また省エネ住宅のモデルハウス『りんご並木のエコハウス』を作って、身近なところからエコライフに取り組む場として市民に利用してもらっています」（山崎主事）

微妙に道に迷いながらも目指す「メガソーラーいいだ」も、環境モデル都市の指定を受けたのを機に中部電力と共同で作られ、震災1カ月半前の2011年1月28日に営業運転が開始したもの。1万8000㎡の敷地にソーラーパネルを敷設して、一般家庭300世帯分の年間使用電力量に相当する年間100万kwhもの発電をしている。これで年間400トンのCO２削減効果があると、山崎が語った。

川路城山という地区の小高い丘にさしかかると、中腹に並ぶソーラーパネルが見えてきた！　と思ったらこちらは産業機械商社が飯田市から土地を借り上げ、固定価格買取り制度を活用して電力会社に売電するためのものだった。

さらに車で上まで登ると、「おひさまの丘」と描かれた看板の奥に、まるで茶畑のようなソーラー畑が広がっていた。4704枚ものパネルは、地元の三菱電機工場で製造したもの。よく「ソーラーパネルをつけても、自宅で発電したものを自分で使えず売電するだけでしょ？」という声を聞くが、ここで発電した電気はパワーコンディショナーと呼ばれる電力変換装置に送られ、変圧器で6600Vの電圧に上げられてから電線を伝って、近隣2地区の電気に使われている。ハード&ソフトの両面で、エネルギーの地産地消が実践されているのだ。

敷地の東側に回ると展望台を兼ねたあずまやと、ミニソーラーパネルのようなものがあった。このミニパネルを太陽に向けて大量に発電すると、あずまやの上に取り付けられたベルが鳴る仕組みだそうだ。さっそく借りて曇りがちの空に向けてみたが……鳴らない。「今日は鳴りませんね〜」と悔し紛れに口にしてみたが、やっぱり鳴らなかった。

「ここは震災以前に作られたので、開業当時はネガティブな意見もありました。でも最近はソーラーの固定買い取り制度が普及したこともあって、地元の人達も見学に訪れてくれます。今の飯田市の目標は、地区のソーラーの売電収入をまちづくりに還元して、持続可能な地域作りを目指すこと。市民は自然が好きだし、飯田市が好きなんですよね」

飯田駅に戻る道の途中でも、ソーラーを乗せた屋根をあちこちに見ることが出来た。いずれも周りの緑に溶け込んでいて、違和感はなかった。

「きれいなところですね。バスの時間がかからなければ、もっと頻繁に来たいと思いますよ」

お世辞ではなく本心からそう言うと、2人とも笑ってくれた。2027年には中津川同様、飯田にもリニア新幹線の駅ができる予定だ。

◉ジャーナリストから世田谷区長へ

「区長としての仕事のひとつに、世田谷区で活動するミュージシャンとのネットワーク作りもあります。そのプロジェクトのメンバーから佐藤タイジさんのことを伺い、2013年の秋には世田谷区内のライブハウスで、彼と加藤ひさしさんと一緒にトーク&ライブショーをやりました。その後も時々、イベントにゲスト参加しています。エネルギーについて考えたくても、途中で面倒くさくなってやめてしまう人も結構いますよね。でもTHE SOLAR BUDOKANのように、電気をたくさん使うライブからエネルギーを変えようとする発想は面白いと思います。原発に頼っていた人生や文化を変えるのは可能だということを、たくさんの人に見せていけるライブなのではと思っています」

歴代区長の肖像画が壁に並ぶ部屋でそう語ったのは、東京都世田谷区の保坂展人区長。著書の『闘う区長』（集英社文庫）に記しているように、世田谷区は3・11よりも前からメガソーラーを進めていた飯田市とは違い、震災がきっかけでエネルギーの地産地消に取り組み始めた。というのも震災当時、保坂はまだ区長ではなく、元衆議院議員の肩書きを持つジャーナリストだったからだ。

2011年3月11日、保坂は児童養護施設出身の子供達を扶助するNPO法人の取材をしていた。場所は東京・文京区湯島の古びたマンション。大きな揺れのなか、向かいの民家の瓦がポンポン飛ばされていくのを見て「これは大地震かもしれない」と実感したそうだ。

「その日はNHKの人達と、児童養護施設にランドセルの贈り物が届いたタイガーマスク現象を取りあげる企画の会議を渋谷でやる予定でした。でもその前に杉並の事務所に戻るためにJR御茶ノ水駅を徒歩で目指したら、なぜか秋葉原に着いてしまって。ビルの屋上のアンテナがきしむように揺れていて、メイド姿の女の子達や横たわっているお年寄りが路上にいて、本当に街が騒然としていました」

保坂のもとに原発関連の情報が入ってきたのは、11日の午後6時半を過ぎた頃。まだ報道では取りあげられていないタイミングだった。

「当時まだ国会の議員会館に僕のスタッフがいて、彼らから『緊急の宣言が出た。福島第一原発が危ないようだ』との報告があったんです。結局その日は知り合いの出版社で一晩過ごして、翌日の朝方タクシーで自宅に戻りました。その後しばらくはテレビやツイッターの情報を見ていたのですが、南相馬市の小高区出身の元秘書から連絡があり、『津波に直撃されて孤立状態になっています。なかには屋内待避だと言われて、南相馬市から出られない人もいます』と言われて。状況はよくわからないが、南相馬で一大事が起きている。ツイッターで情報を探していたら、杉並区が南相馬市と災害時応援協定を結んでいることがわかった。そこで杉並区の田中良区長（当時）に連絡し、水や灯油を積んだトラックを福島に派遣することに。しかし南相馬市の桜井勝延市長（当時）から「原発事故現場から30キロ圏内に車が入れないので、市民が孤立状態になっている」と連絡がありました。

そこで、保坂はすぐ官邸に連絡し、杉並区のトラックが南相馬市内に入れるように手配をした。

ジャーナリスト、国会議員を経て区長となった保坂

「僕は3月26日に初めて南相馬市に行きました。桜井市長とも会ったのですが、『政府から情報はまったく入って来ないから、テレビを見るしかない』という話を聞いて驚いてしまって」

以来、被災地支援についてずっと考えるようになった。そんな折、4月24日に行われる世田谷区長選への出馬を打診された。2009年と10年の衆参両院選で敗北を喫し、活動資金は尽きていた。だが杉並区が南相馬市をいち早く支援できたことや、過去にジャーナリストとして取り組んできた教育問題を通して、地域単位で動く重要性を痛感していたことで決断。こうして世田谷区に保坂区長が誕生、2015年の選挙でも再選が果たした。

「2011年選挙戦では積極的に脱原発を訴えました。なぜならもう忘れている人も多いと思いますが、あの時は『明日は今日の続き』みたいな日常性が切断されて、『明日は本当に来るのだろうか』という不安に考えが切り替わったタイミングだと思うんです。そして『福島はもしかしたら、人が住めない場所になってしまうかも』と人々が不安に思っていたにも関わらず、永田町では議員も情報をつかんでなくて右往左往するばかりだった。当然地方の自治体にも情報がないから、日々押し寄せる市民の不安や質問に答えることができない。なのに自治体の職員の逃げ場はどこにもない。だったら国政に頼らず、自治体で物事を担っていこうという考えが、自分の中でハッキリしました。それまで僕は『自分のやるべきことは国政でないとできない』と思っていたので、思えば180度の転換ですよね」

熱く語るタイプではないが、実は内側には太陽を秘めている。淡々と語るけれど、鋭い言葉を持っている。そんな保坂区長は確かに脱原発を訴えてはいたものの、「決して東電とケンカする気はなかった」。

しかしあることをきっかけに、大バトルをするはめになったそうだ。

「区役所に、各家庭の電力使用量が見える『スマートメーター』の試験運用をしてみないかとの提案がありました。でもまだ精度が完璧ではなかったのに、500世帯に導入しようとすると3000万円のコストがかかることがわかりました。そして電力メーターは東電の管理下にありました。だったら直接東電に、世田谷区のリアルタイム電力使用量を開示してもらえばいいと思い交渉したところ、個別の区の使用量は出せないと言われて。節電に役立つはずなのに、なぜ情報開示を拒むのか理解出来ませんでした。彼らが情報を開示すれば節電すべきタイミングもわかるし、原発をめぐる議論も透明になるはずなのに」

●「ヤネルギー」の推進

そして2012年3月、東電は世田谷区に対して「4月1日から電気料金を17%値上げしたい」と要望した。その頃には世田谷区は電気使用量の半分をPPS、つまり東電以外の別の事業者と売買契約をしていたが、それでも年間1億円のコストアップになってしまう。それに契約期間は区の施設ごとに違うのに、なぜ一斉に4月に値上げするのか。契約通りに進めて欲しいと一斉値上げを拒否したところ、東電は不承不承受け入れた。しかし不信感ばかりが残る結果となったそうだ。

「それまでも区役所の電力の半分をPPSに切り替えたり、区民と区内の事業者など民間主導による、自然エネルギーの活用促進のためのフォーラムを開いたりと、エネルギー問題に取り組んできまし

区長室の照明機器は半数の蛍光灯で同じ照度を保つ

た。また電力自由化の促進に向けて、枝野経済産業大臣（当時）との話し合いの機会も持ってきました。ただこの件がメディアで取りあげられるようになったことで、より具体的な節電のアイデアが区役所に集まり、実行できるようになったんです」

たとえば節電型の照明機器を区長室に導入したことで、今までは18本必要だった蛍光灯が半分の9本で済むようになった。それから区内のイベントなどに集まって皆でクーラーの涼しさをシェアする、「クールシェア」にも取り組んでみた。

そして2011年から構想していた、エネルギーの地産地消を目指す「せたがやソーラーさんさん事業」を2012年7月からスタートさせることができた。これは「世田谷ヤネルギー」をキーワードに、発電したものをパワーコンディショナー（変換機）を経由して自家使用&売電するために、低金利ローンと15年間のメンテナンスをセットにして戸建て住宅の屋根にソーラーパネル設置をうながすもの。初期費用は１００万円以上かかるが、約10年で元が取れ、蓄電池付きのプランなら発電したものを蓄めて、後で使うこともできる。２０１３年からは集合住宅や事業用建物にも設置できるようになり、２０１４年３月時点で太陽光パネルを設置した住宅は、区内に４５００軒と震災前の２倍以上になった。

「東京都生活協同組合連合会のアンケートに答えた43％の方が、高くても自然エネルギーを買いたいと答えていました。２０１６年からの電力完全自由化も決まり、ゆくゆくは環境価値の高いエネルギーを選べる社会になっていくと思います。その足がかりとなるものが個人のソーラー住宅だと思います。でも台風や突風にも耐えなくてはならないので、ソーラーパネルには重量があり、屋根によってはつけられないこともあります。だからどんな家でも使える、ベランダに置くすだれみたいなソーラーの『ベラルギー』を開発したいんです」

そう言って区長は、下敷きのようにぺらんとした素材の、ソーラーパネルを見せてくれた。残念ながらまだ開発段階のものだったが、持ち歩きできる薄さとサイズだったので、カバンに入れておけばケータイの充電に困ることもなさそうだった。

●コミュニティを変える小規模発電

また、世田谷区は２０１４年３月、１億５０００万円の建設費をかけて、神奈川県三浦市の区有地に１９００畳分のソーラーパネルを並べた、「世田谷区みうら太陽光発電所」を完成させた。2005年に閉園した、ぜんそくや身体の弱い子供達のための学校「区立三浦健康学園」の跡地8700㎡にソーラーパネルを1680枚置き、一般家庭130世帯が1年で使用する量の43万8800kwを発電するそうだ。

「みうら太陽光発電所を設置したときの世田谷区の初期投資はほぼゼロでした。民間企業に建設と運営をお願いして、区は設備のリース料を20年間支払う。また、発電した電力を競争入札にかけたところ固定価格よりも2・5円高く買ってくれるところが出てきてリース料を支払っても年間400万円以上のプラスの収益を見込んでいます」

世田谷区は、この収益を再生可能エネルギー普及のためのシンポジウムやセミナー費用にする予定だ。

「初期投資がほとんど必要ないなら、『うちもやろう』と思う自治体が出てくるかもしれない。そういうことも伝えたかったので、三浦にハーフメガソーラーを建設しました。

民間でも市民が出資する小規模発電所の建設が進んでいます。たとえば首都圏の4つの生活クラブ生協の共同出資を通じて、秋田県にかほ市に風車発電所が建設されました。世田谷区内でも市民ファンドで集めた資金で教会の屋根に太陽光パネルが設置されたりしています。こんな感じで『この図書館や美術館は、市民風力発電所からの電力で明かりがついています』とか、『太陽光発電所の建設にみんなが出資してくれたおかげで、たくさんの学校にソーラー電力を供給できるようになりました』とか、一歩進めて、市民が発電に参加できる、例えばグリーン電力証書のような事業も広まっていって欲しいと考えています。たとえ1人あたりの出資額は少額でも、ファンドの形にすれば1000人、2000人と集まり、一般の人の力で発電所を建設することも可能になります」

そしてこの「集中電源から小規模分散型へ」という考え方は、エネルギー対策だけではなく、地域コミュニティや福祉のあり方にもつながるという。

「たとえば福祉施設だって大きなものをドンと建てるのではなく、地域ごとに小規模なグループホームやコミュニティカフェを作っていく。自治体がみずからエネルギー問題に向き合うことで、このような発想も生まれていくのではないかと思っています」

●自ら輝く太陽となるために

震災前の2010年に発行された『自然エネルギーの可能性と限界』（石川憲二著・オーム社）という本のなかに、こんな記述がある。

「太陽光発電のすばらしさを強調するために、よく登場するのが、こんな文章だ。ゴビ砂漠全部に太陽電池をしきつめますと、現在地球上で人間が使っているエネルギーの全てをまかなうことができます。（略）ところが実際にはなかなかそうはいかない。それには次の理由があるからだ。
1、太陽電池の価格が高い
2、大量の太陽電池からの電力を調整（変電）したり、遠隔地に送電する設備のコストが高くなる。
3、太陽電池からの電力を蓄えておくシステムの構築にコストがかかる。

さらに砂漠の場合には細かい砂の粒子が機器の内部に入り込むので、決してメンテナンスフリーとはいえない。要するに太陽光発電に関しても、風力と同様、理想と現実のあいだにはかなりの乖離があるのだ」（p76〜77）

さらに太陽電池の材料や構造を紹介した上で、「太陽光のうち、電力に換えられる量はわずかで、コストにあまり上限を設けずに開発される宇宙機器用（の太陽電池）ですらせいぜい40パーセント弱、普及型はどう考えても10パーセント前後がいい線だ」とも記している（p89）。

実際に大きめの火力や原子力発電プラントに匹敵する、実効出力１００万ｋｗ程度のメガソーラーを都心に作るとすれば、東京の大部分が飲み込まれてしまう。太陽光発電を売電やビルのライフラインネットワークに活用するならいいが、コストやインフラがかかる割には効率が悪いのだから、ソーラーですべての電力をまかなうのは、現実的な話ではない。それよりもガラスの天窓を作ってその明るさを生活に取り入れれば、賢い省エネ生活になるのではないか。著者の石川憲二は、そう主張する。同時に、「住宅やビルの太陽電池から生み出される電力は社会全体の共有財産として管理し、特定個人への利益は発生させない。その代わり、発電機器やシステムに関しては電力会社というプロが責任を持って設置・運用・管理・廃棄を行う。これなら効率的に発電を行い、電力系統との連携もスムーズにいくはずだ。（略）エネルギーシステム（そして料金の収受も）を小ロット化していくよりも、大きな単位で運用していったほうが無駄が生じず絶対に有利である」とも同著に描いている（p

182〜184）。

個々人が生活のためにソーラーを付けて終わりにするのではなく、運用や管理もお上に任せてしまおうという発想は、3・11を経験した今となってはかなりの違和感がある。しかし1人の力には限界があるのも事実だ。だから飯田市や世田谷区が、1人をつなぎ合わせながらエネルギー問題に取り組んでいることには、力いっぱいの称賛を送りたい。しかし彼らに対して「いいね、すごいね」と言っているだけでは、私達は「1人」にすらなれないと思う。

自然エネルギーに取り組んでいるのは、この2つの自治体に限った話ではない。自分なりに調べてそこに住んでみることもできるし、ふるさと納税もできるし（残念ながらフルーツなどの特産品プレゼントはないが、飯田市にも「ふるさと飯田応援隊」という納税制度がある）、観光や買い物に行くことだってできる。当事者にならなくてもアライ（賛同者）には、今すぐにだってなれる。もちろんTHE SOLAR BUDOKANのライブで盛りあがったり、ワークショップやイベントを楽しむことだって、大事な一歩になる。

「個人が自分でやってみることから始まる」と、加藤ひさしも繰り返し言っていた。「太陽のひと」は決して、佐藤タイジだけではない。どんな方法であれ動くことができれば、私達は意志表示をする1人になれる。だから心に『ありったけの愛』を詰め込んで、自分の足で前に進んでみよう。そうすれば誰もがいつしか、輝く太陽のひとになれるはずだから。

タイジさんは僕のヒーロー
だから力になりたくて、
THE SOLAR BUDOKANに
参加した

堂珍嘉邦 インタビュー

2011年3月11日の午後2時過ぎ、堂珍嘉邦は音楽番組のリハーサルを終えてテレビ局から帰ろうとしていた時に、大きな揺れを味わった。

その頃は、ソロ活動を始めて自分のことでいっぱいいっぱいの時期でした。自分の新しい世界をどう構築しようか、そのためには自分の中に溜まった、どろどろしたものをどうやって吐き出そうかとずっともがいていた。

あれから3年経ったけれど、やればやるほど新しいハードルが生まれるので、それを乗り越えながら少しずつですが、ようやく自分の表現したいものを出せてきたかなと思います。

2014年の6月。初のセルフプロデュースライブのリハ終わりに、わずかな時間をもらっての取材だった。

自分が音楽を志すきっかけになった、当時憧れだった高校の1学年上の先輩が今インディーズでバンドをやっているので、彼らをゲストに招くんです。音楽はすごく好きだったけれど、その道に進めるかは全然分からない。そんな時に『先輩ぐらい技術も花もあったら、自分もデビューできるのかな』って気持ちにさせてくれた先輩で。髪型もオシャレだったし、制服を細身にアレンジしてピーコートを羽織ったりとか、彼の持つ雰囲気にも憧れていたんです。

高校時代の憧れは学校の先輩だったけれど、19歳頃から彼が憧れていたのは、佐藤タイジその人。シアターブルックの『まばたき』を聴いた堂珍青年は、一気に心を持っていかれたのだ。

テレビの音楽番組で見たんですけど、『すげえカッコイイじゃん！』って思って、シーケンスとバンドのミックスの音が前衛的で。友達がシアターブルックのCDを持っていたので借りたら、やっぱり『すげえカッコイイじゃん』って（笑）。

それからずっと思い続けていて、CHEMISTRYの3枚目の『One × One』ってアルバムで、曲をお願いしました（『Ordinary hero』）。初めて会ったのはこの時なんですけど、当時は自分とは住む世界が違う『ザ・ミュージシャン』みたいな印象だった（笑）。髪型と鼻と唇がすごく印象的で、僕のなかではタイジさんはずっと、ヒーローだったんですよね。

再び出会ったのは、シアターブルックが2年間の休止期間を経て活動を再開した2009年のこと。「まだ大人と子供みたいな距離感があった」けれど、30歳を過ぎてCHEMISTRYの活動が一段落し、自分の音楽を構築していこうとするなかで、2人の距離はぐっと縮まった。

僕がレギュラーでやっているラジオ番組のゲストに声をかけたら『俺もソニーを抜けた組だから』と、来て下さった。僕もソロになってソニーからレーベルを移籍したばかりだったんです。

その時タイジさんがこれからやろうとしていたことを聞いたら、それがTHE SOLAR BUDOKANでした。

2012年の武道館でのライブは客席にいたが、堂珍にはステージ上のタイジが「まるで大人の階段を昇っていくように見えた」という。

批判ではないのですが、大きな会社に所属しているとフットワークが重くなってしまう。そのしがらみから抜けないと、こんなことは多分できなかっただろうなと思ったんです。それ以上に、ここに至る前から裸一貫でライブをずっと続けてきたことが、すごくカッコよく見えた。僕もちょうどライブに飢えていた時期だったので、フェスがあれば参加したいって思っていたので、中津川のイベントには、その前の大阪や名古屋でのプロモーションから参加させてもらいました。

僕は原発に対して反対というより、オーガニックというか手作り感のあるライブイベントだったことに賛同していて。実家には小学生の頃から屋根にソーラーがあるんですけど、それをライブにつなげる発想は全然なくて。だからそこもすごくいいなって思いました。

プロモーションから関わったことで、今までに訪れたことがなかった中津川への興味や関心は、日を追うごとに強いものになっていった。

2013年夏、京都で主演映画『醒めながら見る夢』を撮影していた時のことだった。あるバーで、若かりし日の岡林信康がステージに立つ、中津川フォークジャンボリーの映像を目にした。「もうすぐ行くところだ！」と、画面に釘付けになってしまったそうだ。

レコードジャケットが壁一面に貼ってあるバーで、『こんなDVDあるんですか?』って聞いたら、おじいさんのマスターが『お客さんが置いていった』って(笑)。これを見たことで、より気持ちが盛り上がりました。

中津川にとっては1969年以来の音楽フェスで、言ってみれば一度更地になった場所。そこにもう一度地元の人達と協力し合って音楽フェスを作ること自体も、本当にすごいと思います。そして自分がソロになって、今ここから始めようという時に、ゼロから始まるイベントに参加できるっていうのは、自分とイベントがシンクロしているような気がして。

これから先は1年の間にライブをやってレコーディングをしていると、また中津川が来るみたいなサイクルになるかもしれないから、毎年の楽しみができた気がします。

2013年のライブに参加して思ったことは、中津川《ナカツ》の人達がフレンドリーでナチュラルだったこと。フードコートのボスに松茸をプレゼントされたのが、とても印象的だったとふり返る。

松茸、おいしかったんです(笑)。その方は後日、僕の名古屋のライブにも来て下さって。初のTHE SOLAR BUDOKANだったからかもしれないけれど、自分が思っていた以上に、中津川の方々はフレンドリーでナチュラルだった。

でも、昨年のライブはソロになってからの自己紹介みたいなところでいっぱいいっぱいで、全然余裕がなかった(苦笑)。

そして、いま思うことは、タイジのアイデアにのるだけではなく、彼を支えられる感覚を持つこと。それが、誰よりも先頭で頑張っているタイジへの敬意だからだ。

ソーラー発電でレコーディングした『もう一度世界を変えるのさ』に、僕もコーラスで参加したんです。ほんの少しでも力になれたらと思って。僕にとってタイジさんはいいアニキです。今も先輩ですけど、ようやくたまに『アニキ』って呼べるようになった（笑）。

でも音楽の話以外はあんまりしないんですよね。ライブが終わったら『あの時こうだった』『そうですね』『楽しいよな』『楽しいですよね』とか、いつもそういう感じ（笑）。ある時タイジさんに、『堂珍ももう少し恥かけよ。恥かいて、強くなったほうがいいよ』って言われたんです。僕は性格的に『リハが終わったら、課題は持ち帰って練習します』ってタイプだけど、タイジさんはもうリハからガンガン汗だくでいくタイプ。でもそれは『バンドは気持ちを込めるものだから、瞬発力が必要だ。ただリハを流していたら、何も入ってこない』からだと、僕に話してくれました。

タイジさんは僕にいろんなことを教えてくれるヒーロー。だからいつも力になりたくて、ライブに参加したいって思っているんです。

堂珍嘉邦　１９７８年生まれ。テレビ番組での企画から、２００１年にＣＨＥＭＩＳＴＲＹとしてデビュー。２００３年にアルバムが年間１位になるなど活躍し、２０１２年からソロとして活動する。

第4章

We gonna Change
もう一度世界を変える

◉4度目の3・11を迎えたタイジ

東日本大震災から4年目を迎える2015年2月から3月にかけては、佐藤タイジにとってどこか特別な時間だったように思える。まず2月15日、4回目となる『中津川THE SOLAR BUDOKAN 2015』（中津川では3回目）の開催を発表した。同月27日にはACIDMANやうじきつよしといった、日頃親交があるアーティストのみならず、脚本家の宮藤官九郎や城南信用金庫の吉原毅前理事長など、ジャンルを超えた〝シアターブルックつながり〟の人たちがお祝いを寄せる、特設サイトが立ち上がった。*

*http://20th.theatrebrook.com/

3月に入ると、InterFMでスタートするレギュラー番組『Love On Music』の収録が始まった。放送開始は4月4日で、初回ゲストは仲井戸〝チャボ〟麗市と、TRICERATOPSの和田唱。まさにソーラーチルドレンによるプログラムが、毎週土曜日の22時から1時間にわたってオンエアされることになった。

そして4度目の3・11、タイジは東京・代々木公園の野外ステージに立ちギター1本で歌っていた。被災地支援や再生可能エネルギー推進をめざすPeace On Earthによる『311東日本大震災市民の集い』というイベントが開催され、ゲストとして出演していたのだ。

イベントが始まった13時の東京は、清らかな晴天に恵まれながらも空気は冷え切っていた。

「春は名のみの　風の寒さや……」

思わず早春賦の詞が、口をついて出そうになる。半円形ステージの屋根部分が陽を遮るせいか、客席のほとんどが日陰になっていた。しかしそれでも、9割以上が埋まっていた。

13時40分頃、ブラックコートの下に〝We as one〟のロゴカットソーをまとったタイジが、アコースティックギターを抱えて登場。まず『ありったけの愛』を演奏し、「3・11以降はこうなるべきなんじゃない？」という思いと音の良さこそが、THE SOLAR BUDOKANの意義だと語りながら、『キミを見てる』『ドリームキャッチャー』へとつないでいった。そして経済産業省が太陽光の買い取り価格を見直し、抑制すると発表したことに触れながら「（太陽光エネルギーは）道理が通っている。負ける気がしない」

と、ギターを抱えた胸を張った。するとキンとした空気に、ほんのりと熱が広がった。その空気をさらにヒートアップさせる勢いで加藤登紀子が現れたかと思うと、『パワー・トゥ・ザ・ピープル』のセッションが突如始まった。

「本当は彼が引っ込んでから私が出る予定で、タイジくんとは今まで色々一緒にやってきたけど、この日はセッションの予定がなかったので、殴りこみにいったの（笑）」

のちにとある雑誌のインタビューで会った彼女は、笑いながらこの時を語った。

「息苦しい国にならないよう、平和な日本にしましょう」

歌い終わったおときさんがそう言うと、タイジも

「3・11をネガティブな未来のきっかけにしてはならないと思う。ポジティブな積み上げを」と、終わらない未来への希望を口にする。そしておときさんと入れ替わりに登場したSUGIZOとともに、『もう一度世界を変えるのさ』を披露した。

14時46分を迎えるほんの少し前に、黙祷が始まった。その場に居合わせた全員が目を伏せ、被災地に心を寄せていくなか、SUGIZOが鳴らすおりんの音と上空を飛ぶヘリのプロペラ、そして取材カメラによるシャッターの音だけがその場に響いていった。

●イチエフにはない「未来」

私はこの1カ月後の4月中旬、福島県飯舘村から震災慰霊碑がある請戸《うけど》港と浪江町界隈、そして帰宅困難区域の津島地区を、浪江町に住んでいた橘柳子さんという女性が案内するバスツアーに参加した。旧満州で生まれ7歳の時に命からがら引き揚げてきた彼女は、現在は郡山市近郊の「大邸宅」と呼ぶ仮設住宅に住んでいる。敗戦で一度、福島第一原発事故で再度住まいを奪われた74歳の柳子さんは、バスのなかでとても丁寧に福島の「今」を教えてくれた。

郡山からあちこちを経由したのちにたどりついた浪江町では、半壊したままの建物やぐにゃりと曲がったガードレール、元々家があったであろう場所に生えた雑草ばかりが目についた。関係者以外誰もいなくなったこの町には、時を告げる音が存在していない。しんと静まりかえった道を歩いてみると、冷たい風がほおをなでるかのように吹き付けた。

「これがやませですか?」

私がそう聞くと柳子さんは、

「よく知ってるわねえ」

と、笑顔を見せた。正確にはやませとは夏に吹く冷風のことだが、とっさに言葉が出てきてしまうほどに、冷たく感じられるものだったのだ。

誰かが手向けた花が置かれた慰霊碑に手を合わせた瞬間、代々木公園でのおりんとプロペラ、シャッターの音がよみがえった。遠方に目をこらすと、福島第一《イチエフ》原発のシルエットが浮かび上がっている。

タイジが言っていたポジティブな未来は、一体どこにあるのだろう? 少なくともあのシルエットの先にはないはずだ。でも今の福島にも降り注ぐ「光」には、過去を癒して未来を作る力がきっとあるはず。私は慰霊碑と柳子さんの表情を交互に見つめ、自身にかかっていた緊張をほぐした。

●デビュー20周年ライブと世間の温度差

少し時間を戻した3月28日、シアターブルックは横浜の赤レンガ倉庫にいた。ライブレストランのＭｏｔｉｏｎ Ｂｌｕｅで、『20ｙｅａｒｓ ａｒｃｈｉｖｅｓ』と銘打った、メジャーデビュー20周年を祝すライブが行われたのだ。

「こんなに素晴らしいギターを鳴らす人がいたんだって知って、夢中になってＹｏｕｔｕｂｅで聴いちゃいましたよ」

ボックスシート真向かいに座った私よりやや年上そうな男性は、「今日のために名古屋の近くから来た」と教えてくれた。シアターブルックのファンになったのは「割と最近」だが、タイジのギターに惚れ込んだと語る彼は、20年来のファンと変わらないほどにハマッているように見えた。

この日のステージでは『ありったけの愛』や『もう一度世界を変えるのさ』などのおなじみはもちろんのこと、ここ最近のライブではあまり演奏する機会がなかった、アニメ『デュラララ‼』のオープニングテーマ『裏切りの夕焼け』まで網羅。客席をすりぬけざまファンとハイタッチするなど、いつにも増して上機嫌なタイジとメンバーは、あっという間の2時間をかけぬけていった。

そして翌日もタイジは東京・下北沢のライブハウス440で、インディーズ電力の〝感電のススメ〟ツアーライブでギターを鳴らしていた。ツアー終了後に〝初代社長〟のうつみようこは、会長職に勇退することになっている。まさにうつみようこ社長における、都内でのラストライブ。なのに社長はマイペースに歌い、ピアノを弾き、そして「今後は22歳のシンガー・Reiや中村中《あたる》などを1日社長に迎える」とタイジが発表すると、「そんなに若いのがいいのか！」とシャウト炸裂。社長で始まり社長で終わった、刺激的な夜。こんな感じでタイジの3月は過ぎ去った。

「セットリストとか普段あまりやらへんやつやったから、こっちも新鮮だったね」

4月を迎えたばかりのある日、タイジがMotion Blueのライブをふり返った。

「なにげに忙しかった」3月。その中でもインパクトが大きかった出来事といえば、かつての政権与党代表で、現在は原発反対の立場をとっている政治家と会ったこと。毀誉褒貶相半ばする彼と脱原発への思いは一致したものの、「やっぱり政治家やなあ」と思う部分もあったそうだ。

「食品の放射線量表示を例にあげると、オレは全部オープンにすることでしか安心できないと思っているし、そのことで意見が異なっても言い続けたい」

たとえば台湾は、日本の食品への輸入規制を強化した。日本の事業者は、放射線量をはっきりと表示することは、ビジネス上のリスクになると考えているのかもしれない。しかし逆に、表示しないことで輸入規制が強化された。測定自体は難しいものではなく、THE SOLAR BUDOKANでもフードコートのメニューは放射線量を測っている。つまり、やろうと思えば誰でもできることを、しないままでいるのが今の日本の姿なのだ。

「だからね、僕達が実績を作っていくしかないと思う」

2011年からの月日で、日々、記憶が薄れていく……という人もいるかもしれない。しかしタイジは「思いはなーんも変わってない」という。

「自分はなーんも変わってないはずだけど、周りとの微妙な温度差みたいなのは感じるよね。『1人でボヤいてるな〜オレ』って（苦笑）。だって復興が進んでるのって、東京ばっかりでしょ。オリンピックがあるからかもしれないけれど、それってどうなのよ？　っていうのはあるよね。結局、どうにかせなあかん状況は何も変わってないわけで。でも音楽やっとったらさ、周りとの温度差って慣れるのよ（苦笑）。自分が信じてる音楽は、世間の流行からするとマイノリティなのかなって思うけれど、そのマイノリティを擁護しているミュージシャンもいっぱいいるから、常に周りに仲間意識を持ち続けていられるよね。でもそれも時代とか、何かの可能性でボンッとひっくり返ることがあるから、悲観は全然していない。自分は物事を、悲観しないことに重心を置いているところがあるのかもしれない。だって悲観しだしたら、どんどんどんどん鬱に堕ちていくと思うから」

●「やめんかったらロックスターだ」

かつてタイジは、周囲に震災をきっかけに鬱っぽくなった人たちがいたことを、肌身で感じていた。しかし2011年の3月17日に、下北沢のライブハウスで「LIVE FOR NIPPON」の予定があったこと、そして震災の直前に仲井戸麗市の還暦イベントがあったことで、ダークサイドに引きずり込まれずに済んだと明かした。

「チャボさんが『あいつ（忌野清志郎）がいてくれたらな』って言ったんです。それを聞いたオレや奥田民生や斉藤和義だけではなく、そこにいた後輩たち全員の目頭がアツくなって――。オレたちの中に『自分はチャボさんと清志郎さんの後輩なんだ』って共通認識ができたことが大きかったし、それが今につながってるよね。オレたちは『そんなにマイノリティでもないだろうけど、ちゃんとマイノリティ』みたいなところもあるから（笑）」

2015年、シアターブルックはメジャーデビュー20年を迎えた。バンド結成から数えると、もうすぐ30年。ここまで続いた理由は？　と問うと、「やめんかったらロックスターだったから」と返っ

「勝つまでやめへん」と語る佐藤タイジ

てきた。

「ちょいちょい最近思うのは、勝つまでやめへんってこと」

なら一体、何に勝てば達成感を得られるのだろう?

「何にというよりも、『勝った』って思える雰囲気があることの方が大事かな。でも達成感ってことでいえば、2014年の中津川で『今のオレ、ひょっとして死んでるんじゃないか?』って思う瞬間があったの。『こんなに素晴らしいイベントができたのは、天国にいるからなのかな』って。演奏してることもプロデューサーであることもあの場所でやれてることも全部ひっくるめて、『これは黄泉の国の出来事なんじゃないの?』ぐらいの最高の気持ちになれた。本当、THE SOLAR BUDOKANは中津川《ナカツ》でよかったと思う。フォークジャンボリーをやっていた場所っていうのがフックになる人もいると思うし、出演者もお客さんも若手もベテランも分断されていないフェスが作れたし」

◉マイノリティの連帯

2015年の中津川では、子ども達がミュージシャンと触れあえるワークショップの充実を予定している。ライブを楽しむ大人だけではない、一緒に来た子どもたちが主体的に遊べる場があることは、彼らにとっても楽しい思い出となるはずだ。

「たとえば発達障害の子とか、学校教育の現場では病気として扱われているけど、絶対おかしいと思う。障害も個性のひとつでしょ? だから早い段階で通常の教育から引き離すのは得策ではないし、そもそも学校は先生のためのものではない。ある子供を排除して別の場所に追いやるって行為は、誰も得せえへんよ。だけど音楽は誰も排除しないよね。うちらのフェスは原発推進派も歓迎してますし（笑）。いつも思うんだけど、あるテーマで反目しあっているAとBは、お互いそれぞれ『ええ人生を歩みたい。良く生きたい。だから賛成（反対）だ』って主張してる訳だけど、絶対に『ここは一緒にいけたらええじゃないか』って互いに納得できるポイントがあるはず。エネルギー問題で言えば、ソーラー電力っていうポジティブな自然エネルギーは、AにとってもBにとってもよいものだと思うので、それをTHE SOLAR BUDOKANって形にしてバーンと示せたことも、天国っぽい感じがするよね（笑）。賛成しても反対しても、結局、すべての原発はいずれは廃炉になるわけだよね。永遠に原発に依存するのはムリだから、じゃあ次世代のエネルギーは化石燃料に戻すのか、それともソーラーや自然エネルギーを広げていくのか。世界中の皆で知恵を出し合わないとあかんことだから、原発推進派も真剣に考えなあかん。そのためのフェスでもあるんです」

たとえばBRAHMANのTOSHI-LOWやthe HIATUSの細美武士のように、脱原発の意志をステージからも示すアーティストと〝連帯〟できたことも、THE SOLAR BUDOKANの意義だという。同じ志を持つマイノリティ同士が合流することで、大きなうねりを生み出せると信じているからだ。

イメージするのは日本では2014年に公開された映画『ガーディアンズ・オブ・ギャラクシー』。プレイボーイと全身が緑色の女性暗殺者、マッチョな戦士、そして遺伝子改造されたアライグマと樹木型ヒューマノイド。まさに人種も種も超えたマイノリティたちが力を合わせ、宇宙の巨悪を倒すスペースアクションだ。

「LIVE FOR NIPPONとTHE SOLAR BUDOKANは常にリンクしているのだけど、細美は中津川でワーッとはねた後にLIVE FOR NIPPONに来てくれたことで、ゆっくり話ができてお互いを知れたんだよね。『日米地位協定を撤廃しない限り、沖縄にしても集団的自衛権にしてもいつまでも状況は変わらない』ってことや、『自分はこんな気持ちだ』ってことをバーっと話してくれて。彼やTOSHI-LOWだけではなくて、同じことを考えている奴をとにかく合流させる。どうせマイノリティなんやから、張り合ってても意味がないからとにかく横につながって、それでデカいトロイの木馬を作るワケよ。横につながれるのがフェスの醍醐味で、そう考えるとフェスは音楽がたどり着いた、すごく大きな発明なんじゃないかな。そもそもフェスは体制へのカウンターから生まれたものだ思うし。もしかしたら、すごいテキトーなきっかけで生まれたのかもしれないけど（笑）」

●うるさいマイノリティとして

シアターブルックの曲は、もちろん震災以前から社会状況をテーマにしたものが多く存在する。しかし3・11以降は、より当事者目線になっている。たとえば2005年にリリースした『Reincarnation』ではジョージ・W・ブッシュに対して「やめてくれない？」と歌っているが（『大統領』)、どこかまだ余裕があった。しかし2014年の『もう一度世界を変えるのさ』では「見て見ぬふりのうまい子には　育てたくはない　お前にわかって欲しい」というように、次世代への切実な思いが込められている。それに呼応するかのように、ライブでのMCも震災前と今では、違うものになっていると語る。

「以前は何を話していたか自分でも覚えていないけど、だいぶ違うと思う。9・11の同時多発テロも、その前の湾岸戦争のパパブッシュの頃から疑問を感じていた。正義だからって、相手を殺していいのかなって思ったし。アメリカではあれは正しい戦争だって意見もあったけれど、敵だからって人間が人間を殺していいってことではない。でもそれ以前に、味方を殺してもいけない。ニューヨークでアメリカン・インディアンミュージアムに行ったときにクレイジーホースが着ていたと言われるジャケットを見たんだけど、彼は2メートルぐらいの大男だから、ジャケットもデカい。その一面に小さい斧が、びゃーっと描いてあるわけ。それをじっと見てたら案内の人に、『斧の意味が分かるか？　クレイジーホースが殺した白人の数だ』と言われたの。クレイジーホースはものすごい小心者の巨人兵だった。だから仲間を守るために、これだけの白人を殺した。こうしないと仲間を守れないけれど、敵を殺すことにはきっとものすごい葛藤があったはず。でも今の日本の政治家は、葛藤どころか自分たちの仲間も殺そうとしているように見えるんだよね」

時に「出馬したら？」といわれることもあるが、「政治家になったら音楽をしてはあかんと思っているので、ぶれずに音楽を続けていく」と力を込める。同席したプロデューサーの松葉も、「タイジさんは圧倒的なミュージシャン力がありながらもしっかりしたイデオロギーを持っているのがいいし、ライブに来てくれる人が、音楽によって人生を変えられることが、社会を変えることにもつながると思う。自分も聴く人に影響を与えられるコンテンツを作って、マイノリティはマイノリティでも鋭く発信する〝ラウド・マイノリティ〟を絶やさないようにしていきたい」と言葉を添えた。

●徳島が生んだ〝踊るあほう〟

4月から始まった『Love On Music』は、タイジいわく「ゲストとセッションする番組」。ミュージシャンだけではなく、リスナーも含めてのセッションだ。そんな中で「できたらいいな」と思うことは、新しいキーワードを皆でシェアすること。たとえばかつての『LOVE&PEACE』のように、世界の誰もが知っている愛の言葉の、21世紀バージョンを生み出すことが目標だ。「それがなんなのかは、まだわからん。でもオレ的には、昨年は『We as one』だったし、今年は『Love Changes The World』をテーマにしている。この時代の『LOVE&PEACE』に変わるキーワードが見つかれば、すごく強いものがシェアできると思う。だって『LOVE&PEACE』って言葉があったから、ベトナム戦争が終わったわけよ、極端なことを言えば。だからシアターブルックとしては、思いついたものをバンバン出していこうと思う。THE SOLAR BUDOKANだって、アーティストはもちろんオーディエンスと一緒にセッションしながら作ってきたイベントだしね」

イベントを一緒に作り上げることができたのは、ひとえにシアターブルックがミュージックシーンに居つづけたことに拠るだろう。20周年記念のウェブサイトにも、ジャンルを超えたたくさんの人たちがシアターブルックと佐藤タイジに、はなむけの言葉を贈っている。それほどまでに、たくさんの人から愛されているのだ。

「……ちゃんとギター練習しててよかった（笑）。Charさんが『ギターうまくなった』って褒めてくれたんだけど、それは『お前のは〝上手い〟ではなく、脂がのってきたほうの〝旨い〟だから』って（笑）。あと生まれ故郷の徳島ではいろんな人に、『かわいげが大事だよ』ってすごい言われたの。徳島ではかわいげがないとあかん。ぶっさいくなことやってても、かわいげがあれば許される。同じ徳島出身の瀬戸内寂聴さんなんて、破天荒な人生を歩んできたのにかわいいでしょ？（笑）だから自分も、かわいげは忘れないようにしたいと思っていて」

ギターとかわいげのほかにもうひとつ、佐藤タイジの人間形成に大きく影響したものは、阿波踊りだという。

「徳島のひとは100％、阿波踊りを踊るのよ。学校の行事で普通に教わるし。踊るあほうに見るあほうなら、踊らなソンですよ。あれは徳島の美しい哲学なの。客席にいるのは観光客で、地元のひとは皆踊るの。それが佐藤タイジの血なのかもしれない。でもあのサイトにたくさんの人が協力してくれたのは、オレが踊れる人ったらしだからだけではなくて（笑）、ソーラー電力でライブをすることに道理があるからだと思う。3・11以降のシアターブルックを見て、離れていった仲間もいるとは思う。でもオレがやってることは１００％筋が通っているから、いずれ戻ってきて合流するのではないかと思ってる。そして道理にかなっていることを口にすれば実現すると信じてるから、『ソーラー電力でライブをやります！』って宣言したの。そしたら出来た。オレは有言実行でありたいと思っている訳ではないけど、ボールは投げんかったら、誰にも届かないからね」

●「とんだ太陽の人」

口にすれば叶うし、誰かに気持ちが届く。だから「情報を得ないまま、知らないまま、語らない

シアターブルックの最新作「LOVE CHANGES THE WORLD」

ままでいる幸せ」なんて存在しない。それこそ東日本大震災と原発事故から「目をそらさないで」と言いたいし、今考えて話し合わなくてはいけないことは何なのかを、忘れずにいて欲しいとの願いを込めて、タイジと仲間たちは4年目の中津川に向けてフルスロットルの日々を送っている。

「誰もが3・11で、身近に死を感じたと思う。そして『なぜ悪いことを何もしていないのに、突然死んでしまうの？』って憤りもあると思うけど、オレはさんざん考えた末に、『死は地球だけに存在する特殊な現象で、死があるから人生は美しいのかもしれない』と思うようになった。地球からたとえ人類がいなくなっても、植物は育っていく。でも、そして、この星には『愛』があって、愛によって生まれて死んでいく。宇宙には終わりも始まりもないし、その終わりのなさを〝宇宙の意図〟と呼ぶなら、誰にでも起こりうる出来事、たとえば大事なギターを壊されたとかではなくて（笑）、おかんがケガしたとかお茶をこぼしたとか、そういう人々の営みを栄養にして意図は生きながらえているのかなと思うようになった。意図は何もしないの。ただ人類を見て、営みを食べて成長するだけ。だから人類が羨ましいし、時には震災のような特殊な体験を人間にさせて、そこからテロリズムやファシズムに向かっていくのか、幸せと平和を現実的にシェアできるようになっていくのか、それを見ているんでしょうね。意図は別に人々が殺し合っても愛し合ってもいい。だって、ただ見ているだけだから。でも死ぬこと自体は悪いことではないし、死は虚無とは違うと思う。誰もが死ぬのを怖がっているけれど、それは死と虚無を繋げて考えているから。でも死と虚無は本来全然違うものだから、オレは死への恐怖と虚無になることへの恐怖を、分ける作業をしたいと思っているの。

そうしていく中で、次の人間の社会みたいなものをイメージできるようになりたい。いつまでも資本主義みたいなものにこだわるのではなく、皆でシェアする方向で。しかも質のいい電気を使った、いい音を通してね」

質のいい電気＝ソーラー電力でアンプやキーボードなどがもちろん、ミキサーやスピーカーにまでを稼働させるためのクラウドファンディングもおこなわれたニューアルバムは、2015年7月にリリースされた。タイトルは『LOVE CHANGES THE WORLD』。

ストレートに今年のテーマを前面に出したこのアルバムのなかにはなんと、『とんだ太陽の人』という曲も収録されている。

太陽の人である佐藤タイジの「とんだ加減」を味わいつつすべてに耳を傾ければ、じんわり温かいようで、でも本当は力強く骨太な熱を、きっと体感できることだろう。

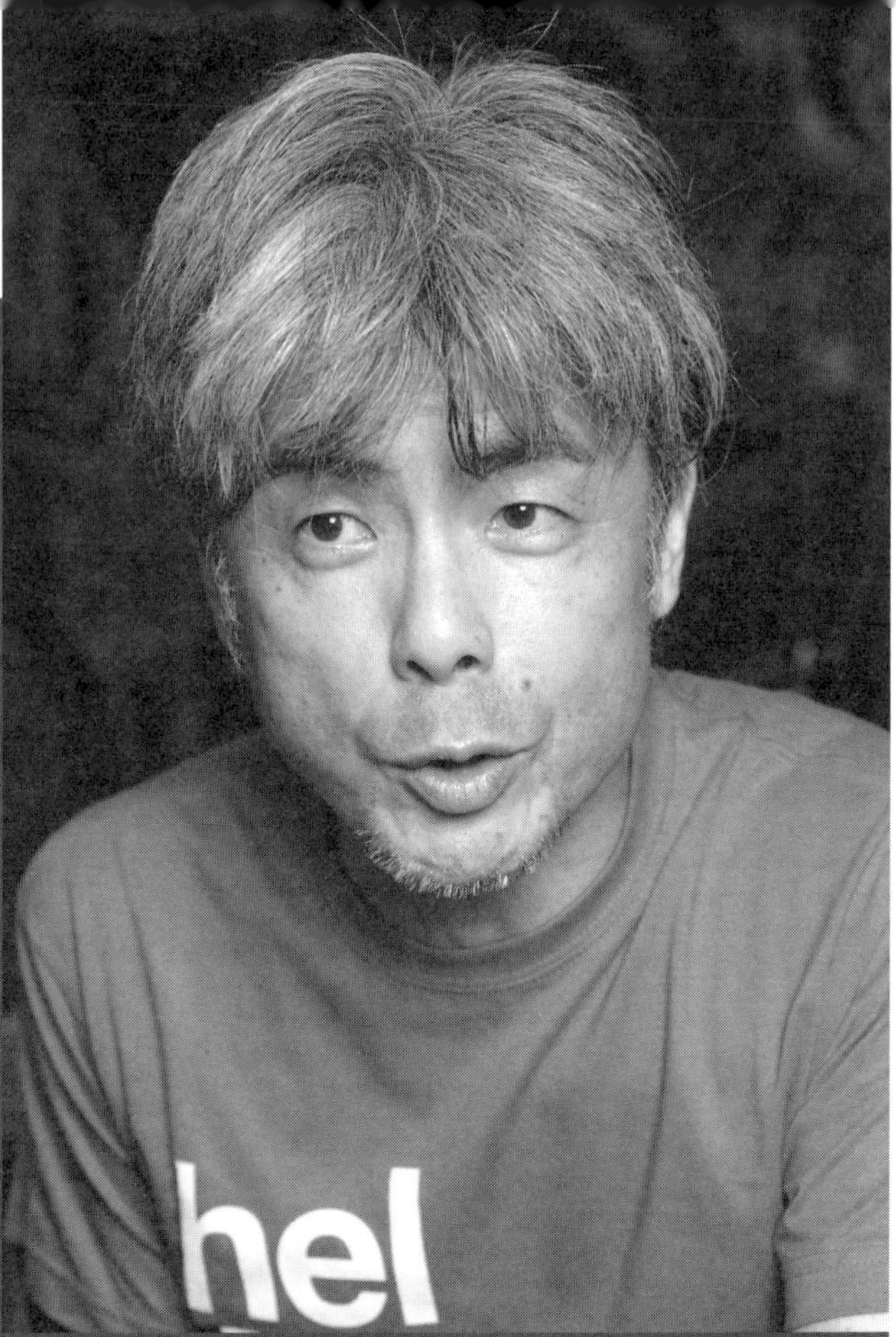

中津川には
ずっと音楽があった
だから音を求める人達が、
集まってきたんだろう

うじきつよし インタビュー

うじきつよしが佐藤タイジに初めて会った時、彼は怒っていたそうだ。正確に言うと「こんなことでへこたれてはいけない」と、怒りで自分を奮い立たせていたという。

2人の出会いは東日本大震災から2日後の3月13日。子供ばんどの活動を休止し、長らくテレビ番組のMCや俳優活動をメインにしてきたうじきはこの時、四半世紀ぶりに子供ばんどを再起動させようと燃えていた。タイジにぜひ会ってみたいと思っていたところに地震が起きた。

会うことが決まったら地震が来て。東京もあの時、全部ストップしちゃったでしょ。どうしたらいいんだと皆が右往左往して、何もかもめちゃくちゃになってしまっていて。でもタイジは『もちろん会おうよ』と。その頃はまだ街が真っ暗でさ。青山にある友人のイタリアンレストランで会う約束をしてたんだけど、そこは意地で店を開けてたの。『何が起きても、人はメシを食うだろ』って。

店で待ってたらタイジがもじゃもじゃの頭で、コートを着て現れた。で、来るなり怒ってるわけ。『だめだよこんなんでへこたれちゃ！』って。その頃は誰もが、原発がふっ飛んじゃったから外を歩くのも怖いって思っていたのに、『そんなものも自分のエネルギーにすりゃいいんだ』とか言って。それを聞いて『鉄腕アトムかお前は！』と思った（笑）。

会うなり怒っているタイジに圧倒されながらも、こんなことでくじけてはいけないと、うじきも徐々に思うようになった。

このもじゃもじゃはどこからそんなエネルギーがわくのかと驚いたけど、今思えばすごい〝太陽のひと〟だったよね。タイジは子供ばんどの僕をアマチュア時代に見て知っていてくれていて、『子供ばんどをもう1回やる、またロックをやる』って言ったら、ものすごく喜んでくれたんだよ。でもまだ何をするか決めていなかったし、四半世紀ぶりに50を過ぎたおっさんたちが、『俺たちがやりたいからバンドを再結成する』って言っていいものなんだろうかと迷っていて。そしたらあいつは『別に電気なんてなくたってライブできるじゃないか』と、あの時にもう言ったんだよ。それで意気投合した。

震災直後の真っ暗な街に、1人でぐらぐら燃えてる奴がいたから『すごいな……』って思ったね。だから嬉しくて、眠くなりながらも明け方まで飲んじゃった（笑）。

子供ばんどは2011年4月のヤマハ銀座スタジオでのライブを皮切りに、8月にはRISING SUN ROCK FESTIVAL 2011 in EZOや、延期開催されたARABAKI ROCK FESTなどに出演。タイジとは現場で顔を合わせながら、徐々に「戻ってきた感」を味わったという。

バンドは自分が一番得意なことだから。まあ、戻っちゃったというか……。年齢は重ねてきたけど、あんまりそういうことも関係なくなっちゃうんだよね。むしろ初めてバンドをやってて楽しいって公言できるようになったかも。10代でバンドを始めて、30代のアタマぐらいまではずっと『楽しいからやってるんだよ』なんて言っちゃいけない気がしてね。ハンパな気持ちじゃダメだみたいな、へんてこりんなストイックさがあった。でも再始動してはじめて、音楽って楽しいんだなと心から思ったね。

自分自身が奏でる音やライブの空気感と同じぐらい、タイジをはじめとする頼もしい後輩達の存在も、うじきを支えるものとなった。

タイジとか奥田民生くんとか、JⓈWの森純太とか寺岡呼人とか、あとは（斉藤）和義くんとか。彼らはもう日本の音楽界の大ベテランじゃない？　才能溢れる彼らが地道にやってきたことが、日本の音楽シーンに根付いていて。その仲間の端くれに、この復活オヤジも混ぜてもらえたことが本当に嬉しかった。あいつらには本当に、1年中励まされてるのかもしれない。

2012年のTHE SOLAR BUDOKANでは、観客のひとりとして武道館のアリーナ席にいた。ソーラーエネルギーでステージの電源をまかなうなんて、皆目見当がつかなかった。しかし、かつての常識を打ち破る技術が生まれていることを知り、「これは絶対見に行かなくては」と、強く思ったと語る。

実際見に行ってみたら、音がすばらしくクリーンだった。とにかく低域のにごりがなくて、『低音がキレイに出てくると、こんなにも全体がすっきりと聴きやすく、かつ迫力が出るのか』ということを体感したね。以前ヨーロッパに行った時に、スタジオだったりライブハウスだったりの音がすごくいい感じがしたの。なんでだろう？　って思ったら、ヨーロッパって220Vとかの高圧で安定している電気を使っていて、かつ空気が乾燥しているので、音の伝わり方が非常にいいのね。高温多湿で電圧の低い日本と比べると、音が非常にクリアに聞こえるの。それとはまた違う原理だと思うけれど、その時のことをほうふつさせる音のよさだった。
もう一つよかったのは照明がね、電力事情もあってそんなに華々しくピカピカしてないかわりに、数や色のトーンも厳選されていたので、とても幻想的だった。それこそガキの頃に武道館で見たツェッペリンやディープパープルのコンサートのような、何とも言えない陰影が本当に格好よくて。自分はピカピカの照明に慣れすぎて、麻痺していたんだなって実感したね。
で、吉川晃司が出てきた時に『そうだ、これは見てる場合じゃない。俺も出なきゃダメだ！』と気付いた（笑）。客席じゃなく、ステージにいなきゃって。2013年のTHE SOLAR BUDOKANが発表された時に、タイジに『出るよ』と言ったの。タイジにも都合ってものがあるけれど、そういうのは無視（笑）。だってタイジが大きなムーブメントを起こそうとしているのだから、自分も何かしら参加していかなきゃいけないって思ったんだよね。

タイジの都合を無視してでも、とにかく参加したかった。仲間に加わりたかった。その気持ちがかなって2013年の中津川2日目、ソーラーパネルとバッテリーを積み、荷台をステージにリメイクしたトラックで子供ばんどとして演奏した。

武道館の時は音の良さにぶっ飛んで、これはすごいと思ったんだけど、いざ自分で演奏してみたら、普段とのあまりの音の違いにちょっと動揺した（笑）。いつも使ってる楽器で、アンプも同じものなのに、ものすごくくっきりした音で倍の音量が出ているような感じで、あまりにきれいにでかく聞こえるので

『あれ？　大丈夫？　俺こんなにゴンゴンした低音出していいの？』みたいな感覚に陥って。だからボリュームを2段階絞りましたね。ソーラー電源だとダイナミクスレンジがしっかり出るんですよ。
特に野外ライブだとバンドで一斉にガッと音を出した時って、ダイナミクスがつぶれる傾向があるんですけど、それがまったくなかった。音量を絞ってもいい音で大きく聞こえるので最初は動揺したけど、慣れていったら音のクオリティが高いことに気付いたし、普段と同じ楽器なのに、新しい機材を手にしたギター小僧の気持ちになれました。

THE SOLAR BUDOKANとの出会いは「怒り」だった。しかしそれを音楽で表現することで、「楽しい」に昇華して見事に観客をわかせることができた。そしてうじき自身を、もう一度ギター小僧だった頃に引き戻してくれた。

大人になって経験が増えていくと『これは可能性がない』とか『これはやるべきじゃない』とか、NOがどんどん増えていくでしょ。でもタイジはおそらくたくさんの葛藤を抱えながらも、多くを語らずにYESで乗り越えていこうとしている。もちろんすべてを言わないことは美徳だし『そんなことは当たり前だろ？』っていうクールさも大事だよね。とくにミュージシャンなんて、どこかふざけてたほうが見てる側も面白いだろうし。
でも、やっぱりきっかけは3・11だと思うんだけど、言うならば僕らのような『アウトローでいたいぜ』って言っちゃうような奴らが、もうアウトローではいられない時代になってしまった。

アウトローにはアウトローの矜持があり、その矜持はエゴに立ち向かうためなら、時には優等生のようなスクエアさを発揮することをいとわない。ただしあくまで、音楽という武器で戦う。そんなうじきの主戦場たりえる場所は、THE SOLAR BUDOKANなのかもしれない。

フォークジャンボリーの頃は中学生になりたてだったから、『すごいことが起こってるんだろうな。でも遠くて行けないな』って思ってた。それで2013年に中津川に初めて降り立った時、なんかオーラを感じたんだよね。

駅から会場に向かっている間、ソーラーパネルが工場の屋根たる屋根にガーッとあって、『そういうことだったのか、ここの奴らは！』みたいなのも実感した（笑）。フォークジャンボリーがなぜ中津川であったのかがわかった気がしたね。どこかにラディカルな、カウンターな反骨精神が根付いてるんだろうね。なのに心が休まるというか、穏やかでおおらかな気持ちになれる場所でもあった。

きっと中津川には、ずっと音楽が流れていたんだろうな。だから音を求める人達が、集まってくるんだろうね。

うじきつよし　1957年生まれ。1980年、「子供ばんど」でメジャーデビュー。バンドを休止した88年から俳優、テレビタレントとして活躍。2013年に子供ばんどとして25年ぶりのアルバムを発表した。

エピローグ「ありったけの愛だけで」

中津川THE SOLAR BUDOKAN2014の、レボリューション・ステージでの大トリはもちろん、シアターブルックだった。1曲目のセレクトはいきなりの『ありったけの愛』。オープニングから飛ばしていくメンバーの姿に、観客の誰もが釘付けになっていた。

中盤、タイジは「シアターブルックからの手紙を読みます」と、今回も手紙を読み上げた。そこには、このフェスに参加したオーディエンスが、未来への可能性の目撃者になってくれたことへの喜びや、ネガティブな要素がない産地直送の電気の音質や効率の良さ、そしてフードコートなどでの放射線量の表示は、〝メルトダウンを起こした国の、持つべき新しいマナー〟であることなどがしたためられていた。

そして「(今は)理性と理想、夢と希望が足りず、想像力と創造力を使っていない時代。でも不透明な時代に反抗するには、理性と理想を満たしていけばよい。このイベントは皆の力が結集したからできた。

未来の可能性を一緒に育てよう。音楽で世界が変わるのを実証しよう」と、音楽でメッセージを発信し、世界を変えていく決意を、言葉にして伝えていた。

その後は『悲しみは河の中に』や、堂珍嘉邦が初めて耳にして一瞬で引き込まれた『まばたき』などを演奏。ラストナンバーの『もう一度世界を変えるのさ』では、同曲のレコーディングに参加したＬｅｙｏｎａや高野哲、堂珍嘉邦もステージにあがり、さらにうじきつよしやＳＣＯＯＢＩＥ ＤＯ、ＡＣＩＤＭＡＮ、武藤昭平、Ｄａｃｈａｍｂｏらと一緒に

目をそらさないで　ちょっとだけでいい　耳を澄ましてみてよ
ここにいる意味を　愛で始まって　愛で終わるため
目指しているのは　一つと言えるはず
もう一度世界を変えるのさ　世界を変えるのさ

と、『ありったけの愛』で始まったイベントを、愛いっぱいの歌声で締めくくった。

「超楽しい！」

タイジはライブ中ずっと、そう叫んでいた。見ていた側も誰もが、同じことを思っていただろう。

２０１４年のキャッチフレーズ「Ｗｅ ａｓ ｏｎｅ」が、目に見える形で結実した瞬間だった。

全７曲のステージが終わると、花火が消えるかのようにすっと照明が落とされ、丘陵地帯にある中津

川公園は月明かりと闇に包まれた。

太陽が降り注ぐ昼の明るさと、月と星だけが光る夜の暗さ。それぞれの美しさを味わうことができたのは、THE SOLAR BUDOKANというイベントが中津川であったから。太陽のひと・佐藤タイジと、彼に引き寄せられたアーティストやスタッフの力により、幸せな2日間があったのだ。

耳に残る音と胸に溢れるこの興奮を、来年もまた楽しめますように。1年後の再会を夢見ながら、しんと静かな秋の夜をぬって帰途についた。

☆

この本を書くにあたり、本当にたくさんの方にお力をお貸し頂きました。本文中に登場される皆さんはもちろんのこと、テーマとなった佐藤タイジさんには感謝の気持ちでいっぱいです。タイジさんが震災直後の、あの暗い世相のなかでTHE SOLAR BUDOKAN計画を言い出さなければ、この本が世に出ることはありませんでした。

多忙の合間をぬってスケジュールを組んで下さった、ワイズコネクションの松葉泰明さんやシアターブルックマネージャーの山本ようじさん、元シアターブルック担当でころから代表・木瀬貴吉さんの高校時代の友人である、ソニー・ミュージックエンタテインメントの中村勉さんには、心よりのお礼をお伝えしたいと思います。

執筆は思っていた以上に難航しました。というのも、誰かの思いを描くことはとても大きな「覚悟」が必要だということを、私自身が自覚しないまま始めたからです。

タイジさんのアーティストとしての姿、『THE SOLAR BUDOKAN』発起人としての姿、たったひとりだけの思いを抱えて生きる、人間としての姿。どの姿も魅力的だったけれど、どこをどう描けばソーラーエネルギーの意義についてまでを伝えられるか。常に手は動かしながらも茫漠とした思いを抱えていました。また執筆対象への熱情をストレートに描いてしまったら、それはノンフィクションではなくなってしまうのではないかという気持ちも、霧をますます深いものにしていきました。プロジェクトに関わった人達の言葉を借りながら、輪郭をなぞる作業を1年近く繰り返してきたものの、ゴールは遠いまま。これはもう形にできないかもしれないと、投げ出したくなることもありました。

2015年の初春、原発再稼働を急ぐかのような決定がバタバタとなされるなか、私とタイジさんは言葉を交わす時間を持ちました。互いのプライベートについて軽口をたたきながらも、私達の間にようやく、共通の思いが生まれました。

「自分には溢れる思いと溢れる言葉がある。だからTHE SOLAR BUDOKANを続けている姿を、ストレートに描けばいいんじゃない？」

タイジさんの言葉の端々からそんな空気を感じ取ることができ、予定から1年オーバーで刊行にこぎつけることができました。

私自身、取材者としての「覚悟」を問われ続けた、思い出深い1冊になったと思っています。これもひとえに木瀬貴吉さんと品田美樹さん、デザイナーの安藤順さんのころからチームが、最後まで手を離さないでいてくれたおかげです。

どうかこれからも末永く、中津川にそして世界中に太陽の音が響き続けますことを。ありったけの愛でできている太陽の恵みが、すべての人達に届きますことを。では次のTHE SOLAR BUDOKANの客席で、お会いしましょう。お読み頂きありがとうございました。

2015年初夏　朴順梨

2012
at Budokan

2012.12.20
◉会場
日本武道館

◉出演アーティスト
奥田民生
加藤登紀子
吉川晃司
斉藤和義
田中和将（GRAPEVINE）
土屋公平
仲井戸"CHABO"麗市
浜崎貴司
藤井フミヤ
増子直純（怒髪天）
屋敷豪太
和田唱（TRICERATOPS）
Char
Leyona
LOVE PSYCHEDELICO
Salyu
A 100% SOLARS
TAIJI at THE BONNET
The Sunpaulo
インディーズ電力
シアターブルック

2013
at Nakatsu

2013.9.21〜22

◉会場
中津川公園内特設ステージ

◉出演アーティスト

a flood of circle
CHANGE ENERGY'S
FLiP
KENJI JAMMER&Dachambo Rhythm Section
Leyona
MIYAVI × 中津川JAM
ZIGZO
インディーズ電力
遠藤賢司
曽我部恵一
堂珍嘉邦
中津川ソーラーフォークジャンボリー（小室等、我夢土下座、土着民）
浜崎貴司
髭
the Canadian Club（from 中津川）
冷牟田竜之
DJ 吉沢dynamaite.jp
ACOUSTIC LIVE：佐々木亮介（a flood of circle）
icas&tae（from ORESKABAND）
EIJI SUZUKI（Dachambo）
theSing2YOU with 堀嵜ヒロキ
ACIDMAN
bird
BUCK-TICK
MANNISH BOYS（斉藤和義×中村達也）
OBANDOS（朝倉世界一、安斎肇、白根ゆたんぽ、しりあがり寿、高橋キンタロー、なんきん、パラダイス山元、ミック・イタヤ）
OKAMOTO'S
Saigenji
SOIL&"PIMP"SESSIONS
TAIJI at THE BONNET
THE MAN（冷牟田竜之）
TRICERATOPS
YAOAO
石橋凌・藤井一彦・伊東ミキオ
泉谷しげる
岡本真夜
黒猫チェルシー
子供ばんど
ダイノジ（DJ）
仲井戸"CHABO"麗市
畠山美由紀
宮田和弥（JUN SKY WALKER（S））
武藤昭平 with ウエノコウジ
山口洋（HEATWAVE）
シアターブルック

2014
at Nakatsu

2014.9.26〜27

◉会場
中津川公園内特設ステージ

◉出演アーティスト

Char
DACHAMBO
DJダイノジ
Dragon Ash
堂珍嘉邦
FLiP
FLYING KIDS
GOMA & The Jungle Rhythm Section
the HIATUS
インディーズ電力
THE MAN
仲井戸“CHABO”麗市
RIZE
さかいゆう×中津川JAM
森山威男 Presents SOLAR JAZZ SESSION feat. bird & 堂珍嘉邦
SOIL&“PIMP”SESSIONS
10-FEET
UA
TRICERATOPS
東京スカパラダイスオーケストラ
SCOOBIE DO
SUGIZO
MY LIFE IS MY MESSAGE（矢井田瞳、おおはた雄一、山口洋、仲井戸”CHABO”麗市）
真心ブラザーズ
蜜
THE King ALL STARS（加山雄三、佐藤タイジ、名越由貴夫、ウエノコウジ、武藤昭平、高野勲、山本健太、ダブゾンビ、古市コータロー）
LIVE FOR NIPPON Vol.40〜中津川 THE SOLAR BUDOKAN 2014 出前バージョン〜
Caravan
THE COLLECTORS
a flood of circle
bird
ACIDMAN
シアターブルック

朴順梨（ぼく・じゅんり）
1972年群馬県生まれ。早稲田大学卒業後、テレビマンユニオンに参加。雑誌編集者を経て、フリーライターに。主な著作に『奥さまは愛国』（共著・河出書房新社）、『離島の本屋』（ころから）などがある。

各章扉オブジェ	制作	福山智子
	撮影	上野祥法
	協力	NPO法人愛のまちエコ倶楽部
		下中野営農組合

本文写真提供	今井一詞　岡村直昭
	柴田恵理　三浦麻旅子

太陽のひと

ソーラーエネルギーで音楽を鳴らせ！

2015年8月11日初版発行
価格1400円＋税

著者　朴順梨
装丁　安藤順
パブリッシャー　木瀬貴吉

発行　ころから
〒115-0045　東京都北区赤羽1-19-7-603
TEL 03-5939-7950　FAX 03-5939-7951
MAIL office@korocolor.com
HP http://korocolor.com/

ISBN 978-4-907239-09-1　C0036

JASRAC　出1509010-501